KSIĄŻKA KUCHENNA MATEATER NA ZEWNĄTRZ

Przepisy na dziczyznę na grilla, wędzarnię, kuchenkę kempingową i ognisko

Aniela Wysocka

Prawa autorskie ©2024

Wszelkie prawa zastrzeżone

Żadna część tej książki nie może być wykorzystywana ani rozpowszechniana w jakiejkolwiek formie i w jakikolwiek sposób bez odpowiedniej pisemnej zgody wydawcy i właściciela praw autorskich, z wyjątkiem krótkich cytatów użytych w recenzji. Niniejsza książka nie powinna być traktowana jako substytut porady lekarskiej, prawnej lub innej porady zawodowej.

SPIS TREŚCI

SPIS TREŚCI 3
WSTĘP 7
CZERWONE MIĘSO 8

    1. Kiełbasa śniadaniowa 9
    2. Kanapka śniadaniowa dla mięsożerców 11
    3. Zapiekanka śniadaniowa z boczkiem i kiełbasą 13
    4. Steki z żeberka na patelni 15
    5. Szkockie jajka 18
    6. Serowe klopsiki 20
    7. Nuggetsy ze steków 22
    8. Grillowane kotlety jagnięce 24
    9. Pieczona noga jagnięca 26
    10. Rosół wieprzowy Ramen 28
    11. Smażona polędwica wieprzowa 30
    12. Jajka pieczone mięsożercy 32
    13. Duszony brzuch wieprzowy 34
    14. Smażone pomidory i wołowina 36
    15. Wołowina i brokuły 39
    16. Smażona wołowina z czarnym pieprzem 41
    17. Wołowina mongolska 44
    18. Wołowina syczuańska z selerem i marchewką 47
    19. Kubki z sałatą wołową Hoisin 50
    20. Smażone kotlety schabowe z cebulą 52
    21. Wieprzowina pięć przypraw z Bok Choy 55
    22. Smażona wieprzowina Hoisin 57
    23. Dwukrotnie gotowany brzuch wieprzowy 59
    24. Wieprzowina Mu Shu z naleśnikami na patelni 62
    25. Żeberka wieprzowe z sosem z czarnej fasoli 65
    26. Smażona mongolska jagnięcina 67
    27. Jagnięcina z imbirem i porem 69
    28. Wołowina z tajską bazylią 72

29. Chińska wieprzowina BBQ 74
30. Bułeczki wieprzowe na parze BBQ 77
31. Kantoński pieczony brzuch wieprzowy 80

BIAŁE MIĘSO 83

32. Kremowa zupa czosnkowa z kurczakiem 84
33. Skrzydełka kurczaka 86
34. Proste piersi z kurczaka smażone na patelni 88
35. Chrupiące Udka z Kurczaka 90
36. Nuggetsy z kurczaka dla mięsożerców 92
37. Klopsiki z wędzonym bekonem 94
38. Smażony kurczak z bekonem 96
39. Klopsiki Pepperoni 98
40. Udka z kurczaka w panierce z parmezanem 100
41. Kurczak w maśle czosnkowym 102
42. Ukąszenia kurczaka zawijane w bekonie czosnkowym 104
43. Szaszłyki z kurczaka(kebab) 106
44. Gofry dla mięsożerców 108
45. Frytki dla mięsożerców 110
46. Grillowane udka z kurczaka z marynatą czosnkową 112
47. Kurczak kung Pao 114
48. Kurczak Brokułowy 116
49. Kurczak ze skórką mandarynki 118
50. Kurczak z nerkowca 121
51. Kurczak i Warzywa z Sosem z Czarnej Fasoli 124
52. Kurczak z Zielonej Fasoli 127
53. Kurczak w Sosie Sezamowym 130
54. Słodko-kwaśny kurczak 133
55. Moo Goo Gai Pan 136
56. Jajko Foo Yong 139
57. Smażenie jajek pomidorowych 141
58. Krewetki i Jajecznica 143
59. Pikantny krem jajeczny na parze 146
60. Chińskie smażone skrzydełka z kurczaka na wynos 148
61. Kurczak z tajską bazylią 150

RYBY I OWOCE MORZA 152

62. Przekąski z łososia i serka śmietankowego 153
63. Pieczone Filety Rybne 155
64. Ciasteczka Łososiowe 157
65. Grillowany homar 159
66. Rosół z kości rybnych 161
67. Krewetki w maśle czosnkowym 163
68. Krewetki z grilla 165
69. Dorsz smażony na patelni z czosnkiem Ghee 167
70. Krewetki Sól i Pieprz 169
71. Pijana krewetka 172
72. Smażone krewetki po szanghajsku 174
73. Krewetki Orzechowe 176
74. Aksamitne przegrzebki 179
75. Smażone owoce morza i warzywa z makaronem 182
76. Cała ryba na parze z imbirem i szalotkami 185
77. Smażona ryba z imbirem i bok choy 188
78. Małże w sosie z czarnej fasoli 190
79. Krab z kokosowym curry 192
80. Smażona w głębokim tłuszczu kałamarnica z czarnego pieprzu 194
81. Smażone ostrygi z konfetti chili i czosnkiem 196
82. Krewetki kokosowe do smażenia na powietrzu 198
83. Krewetki z pieprzem cytrynowym i frytkownicą 200
84. Krewetki zawijane w Bekon 202
85. Niesamowite muszle krabów 204
86. Krewetki Nadziewane Grzyby 206
87. Amerykański Ceviche 208
88. Pierogi Wieprzowe i Krewetki 210
89. Przekąska Kabobs Krewetki 212
90. Meksykański koktajl z krewetek 214

MIĘSO ORGANICZNE 216

91. Smażony język wołowy 217
92. Marokańskie kebaby z wątróbki 219
93. Quiche dla mięsożerców 221
94. Łatwe serce wołowe 223
95. Ciasto Mięsożercy 225
96. Łatwe ukąszenia nerek wołowych 227

97. Burgery z wołowiną i wątróbką drobiową 229
98. Serca z Kurczaka 231
99. Pieczony szpik kostny...233
100. Pasztet z wątróbek z kurczaka 235

WNIOSEK 237

WSTĘP

Wyjdź na świeże powietrze i rozpocznij kulinarną przygodę z „Książką kucharską Książka Kuchenna Mateater Na Zewnątrz", w której dymny aromat grilla, trzask ogniska i skwierczenie dzikiej zwierzyny łączą się, tworząc symfonię smaków. Ta książka kucharska to Twój przewodnik po kulinariach na świeżym powietrzu, zawierający zbiór przepisów na dziczyznę, przygotowanych na grilla, wędzarnię, kuchenkę kempingową i ognisko. Niezależnie od tego, czy jesteś doświadczonym myśliwym, czy miłośnikiem uczt na świeżym powietrzu, przygotuj się na delektowanie się dreszczykiem emocji towarzyszącym polowaniu i satysfakcją z gotowania zbiorów pod gołym niebem.

Wyobraź sobie koleżeństwo przy ognisku, dziką przyrodę rozbrzmiewającą dźwiękami natury i oczekiwanie na ucztę stworzoną z bogactwa wspaniałej przyrody. „Książka Kuchenna Mateater Na Zewnątrz" to coś więcej niż tylko zbiór przepisów; to oda do związku między myśliwym, ziemią i pysznymi nagrodami, które płyną z gotowania na wolności.

Od doskonale grillowanych steków z dziczyzny po pikantne gulasze przy ognisku i nieodpartą wędzoną dziczyznę — każdy przepis to celebracja dzikich smaków, które zapewnia natura. Niezależnie od tego, czy jesteś w samym sercu backcountry, na kempingu nad jeziorem, czy po prostu na swoim podwórku, te przepisy zostały opracowane tak, aby gotowanie na świeżym powietrzu było niezapomnianym i pysznym przeżyciem.

Dołącz do nas i poznaj sztukę grillowania, wędzenia i gotowania przy ognisku z dziczyzną. „Książka Kuchenna Mateater Na Zewnątrz" to Twój towarzysz w opanowaniu żywiołów, delektowaniu się owocami polowań i tworzeniu niezapomnianych posiłków na świeżym powietrzu, które jednoczą ludzi przy ognisku.

Zatem rozpal ogień, przygotuj sprzęt i zanurz się w dziki i pyszny świat gotowania na świeżym powietrzu dzięki „Książka Kuchenna Mateater Na Zewnątrz".

CZERWONE MIĘSO

1. Kiełbasa śniadaniowa

SKŁADNIKI:

- 1 ½ funta mielonej wieprzowiny lub wołowiny lub mieszanki obu
- ¾ łyżeczki suszonej pietruszki
- ½ łyżeczki pieprzu
- ¼ łyżeczki mielonej czerwonej papryki
- 2 łyżki tłuszczu z bekonu, ghee lub smalcu
- 1 ½ łyżeczki soli lub do smaku
- ½ łyżeczki suszonej szałwii
- ¼ łyżeczki nasion kopru włoskiego
- ½ łyżeczki mielonej kolendry

INSTRUKCJE:

a) Do miski włóż mięso, sól, suszone zioła i przyprawy i dobrze wymieszaj.
b) Uformuj 12 kotletów i usmaż je na tłuszczu z boczku. Gotuj, aż stanie się brązowy.
c) Odwróć placki i smaż dobrze z obu stron.
d) Wyjmij kotlety i połóż je na ręcznikach papierowych.
e) W podobny sposób ugotuj pozostałe kiełbaski.
f) Możesz zamrozić te paszteciki z kiełbasą. W tym celu po ostudzeniu kiełbaski przekładamy na blachę do pieczenia i zamrażamy, aż będą twarde.
g) Wyjmij zamrożone kiełbaski z blachy do pieczenia i umieść je w torebkach przeznaczonych do zamrażania. Wędliny możesz zamrażać do 6 miesięcy.
h) Jeśli nie chcesz ich zamrażać, kiełbaski włóż do hermetycznego pojemnika i wstaw do lodówki. Zużyć w ciągu 5 - 6 dni.

2. Kanapka śniadaniowa dla mięsożerców

SKŁADNIKI:
- 4 kotleciki z kiełbasą
- 2 plasterki sera Cheddar (2 uncje)
- 2 jajka
- 2 łyżeczki masła lub tłuszczu z boczku
- Sól i pieprz do smaku

INSTRUKCJE:
a) Rozwałkuj kotlety na grubość około ½ cala.
b) Umieść patelnię na średnim ogniu. Dodać 1 łyżeczkę masła. Gdy masło się rozpuści, włóż kotlety na patelnię.
c) Smaż, aż spód będzie brązowy. Przewróć placki na drugą stronę i smaż również dobrze.
d) Wyjmij kotleciki z patelni za pomocą łyżki cedzakowej i ułóż je na warstwach ręczników papierowych, aby odciekły.
e) Na patelnię dodaj kolejną łyżkę masła. Gdy masło się rozpuści, wbij jajka na patelnię. Ugotuj jajka słoneczną stroną do góry. Jajka doprawiamy solą i pieprzem.
f) Przygotowanie kanapki: Połóż 2 kotlety na talerzu, na każdym połóż jajko i plaster sera. Uzupełnij kanapkę, przykrywając pozostałymi kotletami i podawaj.

3. Zapiekanka śniadaniowa z boczkiem i kiełbasą

SKŁADNIKI:

- 6 jaj
- 6 plasterków boczku, ugotowanego i pokruszonego
- 1 szklanka startego parmezanu
- ¾ funta kiełbasek
- 6 łyżek gęstej śmietanki
- 1 łyżeczka ostrego sosu
- Przyprawy według własnego wyboru

INSTRUKCJE:

a) Do naczynia żaroodpornego wlać odrobinę tłuszczu zwierzęcego i dobrze go natłuścić.
b) Upewnij się, że piekarnik jest nagrzany do temperatury 350° F.
c) Postaw patelnię z kiełbasą na średnim ogniu. Gotuj, aż uzyskasz brązowy kolor. Trzeba go rozdrobnić w trakcie gotowania. Wyłącz ogrzewanie.
d) Dodaj boczek i dobrze wymieszaj. Rozłóż mieszankę mięsną w naczyniu żaroodpornym.
e) Posyp mięso ½ szklanki sera.
f) Zmiksuj jajka, śmietanę, ostry sos i przyprawy w blenderze na gładką masę.
g) Posmaruj warstwę mięsa i sera. Posypać na wierzch pozostałym serem.
h) Piecz zapiekankę przez około 30 minut lub do momentu, aż będzie dobrze ugotowana w środku. Aby to sprawdzić, włóż nóż w środek naczynia żaroodpornego i natychmiast go wyciągnij. Jeśli na nożu znajdują się jakiekolwiek cząstki, piecz jeszcze kilka minut.
i) Studzimy 10-12 minut i podajemy.

4. Steki z żeberka na patelni

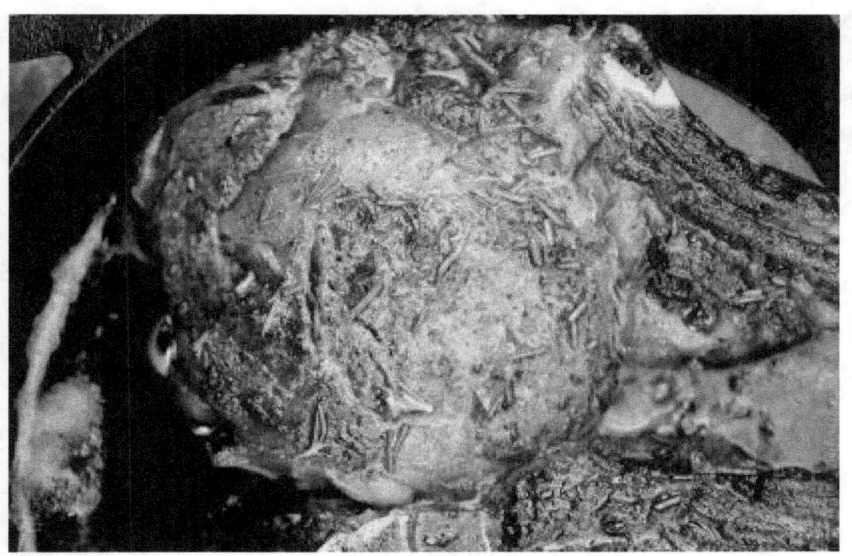

SKŁADNIKI:
- 2 steki z żeberka z kością (o grubości 1 ¼–1 ½ cala)
- 4 łyżeczki drobno posiekanych świeżych liści rozmarynu
- 2 łyżki oliwy z oliwek
- 2 łyżeczki przyprawy Stone House lub innej ulubionej przyprawy
- 2 łyżki niesolonego masła

INSTRUKCJE:

a) Posyp przyprawą całe steki. Dobrze go wmasuj.
b) Połóż go na blasze do pieczenia i posyp listkami rozmarynu.
c) Przykryj blachę do pieczenia folią spożywczą i włóż do lodówki. Pozostaną świeże aż do 3 dni.
d) Wyjmij blachę do pieczenia z lodówki na 30 minut przed pieczeniem i połóż ją na blacie.
e) Umieść patelnię na średnim ogniu i pozwól jej się rozgrzać. Dodaj olej i masło i poczekaj, aż masło się rozpuści.
f) Umieść steki na patelni.
g) W przypadku rzadkich potraw: smaż przez 2-3 minuty z obu stron, aby stek stał się złotobrązowy ze wszystkich stron. Kontynuując gotowanie, polewaj steki płynem.
h) Za pomocą szczypiec (z tyłu) naciśnij stek na środku. Gdy będzie miękki, zdejmij stek z patelni i połóż go na desce do krojenia.
i) Średnio: Gotuj przez 4 minuty lub do momentu, aż spód będzie lekko złotobrązowy. Obróć boki raz i smaż drugą stronę przez 4 minuty. Podczas gotowania polewaj steki powstałym płynem.
j) Za pomocą szczypiec naciśnij stek na środku. Jeśli jest nieco twardszy, zdejmij steki z patelni.
k) Aby dobrze wypieczone: Gotuj przez 5-6 minut lub do momentu, aż spód stanie się złotobrązowy. Obróć raz boki i smaż drugą stronę przez 5-6 minut. Podczas gotowania polewaj steki powstałym płynem.
l) Za pomocą szczypiec (z tyłu) naciśnij stek na środku. Jeśli jest bardzo twardy, zdejmij steki z patelni.
m) Gdy steki będą już ugotowane według własnych upodobań, zdejmij steki z patelni i połóż je na desce do krojenia.
n) Przykryj stek folią i odstaw na 5 minut, aby odpoczął.
o) Pokrój wzdłuż włókien i podawaj.

5.Szkockie Jajka

SKŁADNIKI:

- 3 średnie jajka, ugotowane na twardo, obrane
- 1 łyżeczka ziół lub przypraw do wyboru
- ¼ łyżeczki soli lub do smaku
- ½ funta mielonego czerwonego mięsa według własnego uznania
- Pieprz do smaku (opcjonalnie)

INSTRUKCJE:

a) Rozgrzej piekarnik do 350° F.
b) Osuszyć jajka, poklepując je ręcznikiem kuchennym.
c) Użyj dowolnych przypraw. Kilka propozycji to curry w proszku, musztarda, pietruszka, przyprawa włoska lub Old Bay .
d) Najlepiej używać chudego mięsa, w przeciwnym razie mięso pokrywające jajko może odpaść, gdy tłuszcz się roztopi.
e) W misce wymieszaj mięso, sól i pieprz. Podziel mieszaninę na 3 równe części.
f) Weź porcję mięsa i spłaszcz ją dłonią. Połóż jajko na środku i przykryj je mięsem (jak kluskę). Ułożyć na natłuszczonej blasze do pieczenia.
g) Powtórz poprzedni krok i przygotuj pozostałe jajka po szkocku.
h) Włóż blachę do pieczenia do piekarnika i piecz przez około 25 do 30 minut lub do momentu, aż wierzch będzie złocistobrązowy.

6.Serowe klopsiki

SKŁADNIKI:

- 1 uncja skórek wieprzowych
- 1-funtowa mielona wołowina pochodząca od zwierząt karmionych trawą
- ½ łyżeczki różowej soli morskiej
- 1 ½ uncji rozdrobnionej mieszanki serów włoskich
- 1 duże jajko z pastwiska
- ½ łyżki smalcu

INSTRUKCJE:

a) Przygotuj blachę do pieczenia, wykładając ją papierem pergaminowym. Rozgrzej piekarnik do 350° F.
b) W misce wymieszaj wołowinę, skórki wieprzowe, sól, jajko, ser i smalec. Z masy uformuj 12 równych porcji i uformuj kulki. Ułóż kulki na blasze do pieczenia.
c) Piecz klopsiki przez około 20-30 minut. Po około 10-12 minutach pieczenia obróć kulki na drugą stronę. Gdy klopsiki są dobrze ugotowane, temperatura wewnętrzna w środku klopsika powinna wynosić 165°F.
d) Możesz ugotować klopsiki w frytkownicy, jeśli ją posiadasz. Podczas smażenia w frytkownicy obróć kulki kilka razy.
e) Zdejmij klopsiki z patelni i podawaj.

7.Nuggetsy ze steków

SKŁADNIKI:
- 2-funtowy stek z dziczyzny lub stek wołowy, pokrojony na kawałki
- Smalec według uznania do usmażenia
- 2 duże jajka z pastwiska

PANERKA
- 1 szklanka startego parmezanu
- 1 łyżeczka soli sezonowanej
- 1 szklanka panko wieprzowego

INSTRUKCJE:
a) W misce ubić jajka.
b) Dodaj wieprzowinę panko, sól i parmezan do płytkiej miski i wymieszaj.
c) Najpierw zanurz kawałki steku w jajku, jeden po drugim. Strząśnij nadmiar płynu, obtocz go w mieszance parmezanu i połóż na talerzu.
d) Powtórz ten proces z pozostałymi kawałkami steku.
e) Na głęboką patelnię wlać odpowiednią ilość smalcu. Postaw patelnię na średnim ogniu i pozwól, aby smalec się rozgrzał.
f) Gdy olej zostanie podgrzany do temperatury około 325°F, ostrożnie wrzuć na olej kilka panierowanych kawałków steku. Kawałki steku obróć kilka razy, aby równomiernie się zarumieniły.
g) Wyjmij stek łyżką cedzakową i połóż go na talerzu wyłożonym papierowymi ręcznikami. Pozwól mu ostygnąć przez kilka minut.
h) Podobnie usmaż pozostałe kawałki steku (kroki 6-7). Podawać.

8. Grillowane kotlety jagnięce

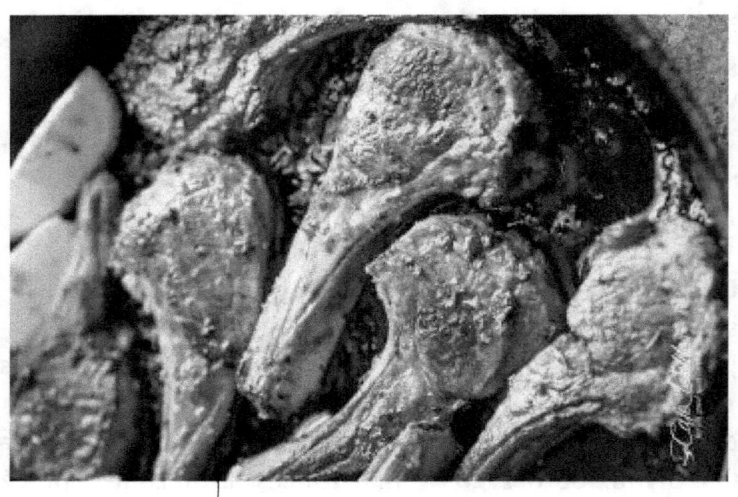

SKŁADNIKI:
- 4 kotlety jagnięce (o grubości ¾ cala)
- ½ łyżki drobno posiekanego świeżego rozmarynu
- Sól dla smaku
- 1 ½ łyżki oliwy z oliwek z pierwszego tłoczenia
- 2 ząbki czosnku, obrane, posiekane
- Świeżo mielony pieprz do smaku

INSTRUKCJE:
a) Do miski dodać rozmaryn, sól, olej, czosnek i pieprz i dobrze wymieszać.
b) Rozsmaruj tę mieszaninę na całych kotletach i włóż do miski. Pozostawiamy do marynowania na około 15 minut.
c) W międzyczasie rozłóż grill i rozgrzej go do średnio-wysokiego poziomu. Można go także ugotować na patelni grillowej.
d) W przypadku rzadkich potraw: Gotuj przez 2-3 minuty lub do momentu, aż spód będzie jasnozłoty. Obróć boki raz i smaż drugą stronę przez 2-3 minuty.
e) W przypadku średnio wysmażonych: Gotuj przez 4 minuty lub do momentu, aż spód będzie lekko złotobrązowy. Obróć boki raz i smaż drugą stronę przez 4 minuty.
f) Wyjmuj łyżką cedzakową i układaj na półmisku wyłożonym papierem pergaminowym.
g) Podawać po 5 minutach odpoczynku.

9.Pieczona Noga Jagnięca

SKŁADNIKI:

- 2 ząbki czosnku, obrane, pokrojone w plasterki
- Sól dla smaku
- 2 ½ funta udka jagnięcego
- Kilka gałązek świeżego rozmarynu
- pieprz do smaku

INSTRUKCJE:

a) Przygotuj blachę do pieczenia, posmaruj ją odrobiną tłuszczu. Upewnij się, że piekarnik jest nagrzany do temperatury 350° F.
b) Zrób kilka nacięć na całej jagnięcinie. Wypełnij szczeliny plasterkami czosnku.
c) Posyp obficie solą i pieprzem nogi jagnięce.
d) Na patelni rozłóż kilka gałązek rozmarynu i połóż na niej udka jagnięce. Połóż także gałązki rozmarynu na nogach.
e) Piecz przez około 1 godzinę i 30 minut lub tak, jak wolisz. W przypadku mięsa średnio wysmażonego temperatura wewnętrzna w środku najgrubszej części mięsa powinna wynosić 50°C.

10.Rosół Wieprzowy Ramen

SKŁADNIKI:
- 1,1 funta kości wieprzowych, pokrojonych na duże kawałki
- 2 ¾ funtów nóżek wieprzowych, tylko część udowa, pokrojona na mniejsze kawałki
- 1 tuszka z kurczaka
- 5,3 uncji skóry wieprzowej
- 7 ½ kwarty wody i dodatkowo do blanszowania

INSTRUKCJE:
a) Do blanszowania kości: Weź duży garnek. Ułóż w nim nóżki wieprzowe i kości wieprzowe. Wlać tyle wody, aby zakryła kości.
b) Postaw garnek na średnim ogniu. Pozwól mu się zagotować przez około 10 minut. Zdjąć z ognia. Usuń kości i odłóż je na bok.
c) Wylej wodę i dobrze wypłucz garnek.
d) Ostrym nożem oczyść kości ze skrzepów krwi i piany. Pamiętaj, aby to wszystko usunąć.
e) Do dużego garnka wlej 7,5 litra wody. Doprowadzić do wrzenia. Dodaj kości do garnka. Dodaj także skórkę wieprzową.
f) Zmniejsz ogień i pozwól mu się zagotować.
g) Początkowo piana zacznie wypływać na górę. Usuń szumowinę dużą łyżką i wyrzuć ją. Odetnij również nadmiar tłuszczu.
h) Przykryj garnek pokrywką i gotuj na wolnym ogniu przez około 12-15 godzin. Masa zmniejszyłaby się, byłaby gęstsza i nieco mętna.
i) Zdjąć z ognia. Gdy ostygnie, przecedzić do dużego słoika z sitkiem.
j) Przechowywać w lodówce przez 5-6 dni. Niewykorzystany bulion można zamrozić.
k) Sposób podania: Dokładnie podgrzej. Dodać sól i pieprz do smaku i podawać.

11. Smażona polędwica wieprzowa

SKŁADNIKI:
- 2 funty polędwicy wieprzowej, pokrojonej na ćwiartki
- Sól i pieprz do smaku
- 2 łyżki ghee lub smalcu

INSTRUKCJE:
a) Umieść dużą patelnię na średnim ogniu. Dodaj tłuszcz i pozwól mu się stopić.
b) Dodać wieprzowinę i smażyć kilka minut bez mieszania. Obróć i smaż podobnie z drugiej strony, aż wewnętrzna temperatura mięsa w najgrubszej części wyniesie 50°C.
c) Zdejmij wieprzowinę z patelni i połóż ją na desce do krojenia. Gdy ostygnie na tyle, że można go chwycić, pokroić w plastry o grubości 1 cala. Podawać.

12.Jajka Pieczone Mięsożercy

SKŁADNIKI:

- ½ łyżki solonego masła
- ½ łyżeczki suszonej pietruszki
- ¼ łyżeczki mielonej wędzonej papryki
- 2 duże jajka
- 3,5 uncji mielonej wołowiny
- ½ łyżeczki mielonego kminku
- Sól i pieprz do smaku
- ¼ szklanki startego sera Cheddar

INSTRUKCJE:

a) Rozgrzej piekarnik do 400° F.
b) Do małej patelni żaroodpornej włóż masło, postaw je na dużym ogniu i poczekaj, aż się rozpuści.
c) Dodać wołowinę i smażyć przez minutę, cały czas mieszając.
d) Wymieszaj paprykę, sól, pieprz, kminek i pietruszkę. Rozbijaj mięso podczas smażenia. Wyłącz ogrzewanie.
e) Rozłóż równomiernie masę mięsną na całej patelni. Zrób 2 otwory na patelni. Otwory powinny być na tyle duże, aby zmieściło się w nich jajko.
f) Rozbij po jednym jajku w każdym zagłębieniu.
g) Włóż patelnię do piekarnika i piecz, aż jajka będą ugotowane tak, jak lubisz.

13.Duszony brzuch wieprzowy

SKŁADNIKI:

- 3/4 funta chudego boczku wieprzowego ze skórą
- 2 łyżki oleju
- 1 łyżka cukru (najlepiej kamienny, jeśli go masz)
- 3 łyżki wina shaoxing
- 1 łyżka zwykłego sosu sojowego
- ½ łyżki ciemnego sosu sojowego
- 2 szklanki wody

INSTRUKCJE:

a) Zacznij od pocięcia brzucha wieprzowego na kawałki o grubości 3/4 cala.
b) Zagotuj garnek wody. Blanszuj kawałki boczku wieprzowego przez kilka minut. Dzięki temu pozbędziesz się zanieczyszczeń i rozpoczniesz proces gotowania. Wyjmij wieprzowinę z garnka, opłucz i odłóż na bok.
c) Na małym ogniu dodaj do woka olej i cukier. Lekko rozpuść cukier i dodaj wieprzowinę. Zwiększ ogień do średniego i smaż, aż wieprzowina będzie lekko rumiana.
d) Zmniejsz ogień do niskiego i dodaj wino do gotowania shaoxing, zwykły sos sojowy, ciemny sos sojowy i wodę.
e) Przykryj i gotuj na wolnym ogniu przez około 45 minut do 1 godziny, aż wieprzowina będzie miękka. Co 5-10 minut mieszaj, aby zapobiec przypaleniu i dodaj więcej wody, jeśli będzie zbyt suche.
f) Gdy wieprzowina będzie miękka i nadal widać dużo płynu, otwórz wok, zwiększ ogień i mieszaj, aż sos zredukuje się do postaci błyszczącej powłoki.

14. Smażone pomidory i wołowina

SKŁADNIKI:

- ¾ funtowy stek z flanki lub spódnicy, pokrojony wzdłuż włókien na plastry o grubości ¼ cala
- 1 ½ łyżki skrobi kukurydzianej, podzielone
- 1 łyżka wina ryżowego Shaoxing
- Sól koszerna
- Mielony biały pieprz
- 1 łyżka koncentratu pomidorowego
- 2 łyżki jasnego sosu sojowego
- 1 łyżeczka oleju sezamowego
- 1 łyżeczka cukru
- 2 łyżki wody
- 2 łyżki oleju roślinnego
- 4 obrane plasterki świeżego imbiru, każdy wielkości około ćwiartki
- 1 duża szalotka, pokrojona w cienkie plasterki
- 2 ząbki czosnku, drobno posiekane
- 5 dużych pomidorów, każdy pokrojony na 6 krążków
- 2 szalotki, oddzielone białe i zielone części, pokrojone w cienkie plasterki

INSTRUKCJE:
a) W małej misce wymieszaj wołowinę z 1 łyżką skrobi kukurydzianej, winem ryżowym i małą szczyptą soli i białego pieprzu. Odstawić na 10 minut.
b) W innej małej misce wymieszaj pozostałą ½ łyżki skrobi kukurydzianej, koncentrat pomidorowy, jasną soję, olej sezamowy, cukier i wodę. Odłożyć na bok.
c) Rozgrzej wok na średnim ogniu, aż kropla wody zacznie skwierczeć i odparuje przy kontakcie. Wlej olej roślinny i obracaj, aby pokryć dno woka. Dopraw oliwę dodając imbir i szczyptę soli. Pozwól imbirowi skwierczeć w oleju przez około 30 sekund, delikatnie mieszając.
d) Przenieś wołowinę na wok i smaż mieszając przez 3 do 4 minut, aż przestanie być różowa. Dodaj szalotkę i czosnek i smaż mieszając przez 1 minutę. Dodaj pomidory i białka szalotki i kontynuuj smażenie.
e) Dodaj sos i kontynuuj smażenie przez 1 do 2 minut lub do momentu, aż wołowina i pomidory zostaną pokryte, a sos lekko zgęstnieje.
f) Wyrzuć imbir, przenieś na talerz i udekoruj zieloną cebulką. Podawać na gorąco.

15.Wołowina i brokuły

SKŁADNIKI:
- ¾ funtowy stek ze spódnicy, pokrojony w poprzek włókien na plastry o grubości ¼ cala
- 1 łyżka sody oczyszczonej
- 1 łyżka skrobi kukurydzianej
- 4 łyżki wody, podzielone
- 2 łyżki sosu ostrygowego
- 2 łyżki wina ryżowego Shaoxing
- 2 łyżeczki jasnego brązowego cukru
- 1 łyżka sosu hoisin
- 2 łyżki oleju roślinnego
- 4 obrane plasterki świeżego imbiru, wielkości około ćwiartki
- Sól koszerna
- 1-funtowe brokuły, pokrojone na różyczki wielkości kęsa
- 2 ząbki czosnku, drobno posiekane

INSTRUKCJE:
a) W małej misce wymieszaj wołowinę i sodę oczyszczoną, aby pokryć nią mięso. Odstawić na 10 minut. Bardzo dobrze opłucz wołowinę, a następnie osusz ją ręcznikami papierowymi.
b) W innej małej misce wymieszaj skrobię kukurydzianą z 2 łyżkami wody i wymieszaj z sosem ostrygowym, winem ryżowym, brązowym cukrem i sosem hoisin. Odłożyć na bok.
c) Rozgrzej wok na średnim ogniu, aż kropla wody zacznie skwierczeć i odparuje przy kontakcie. Wlej olej i obracaj, aby pokryć dno woka. Dopraw oliwę dodając imbir i szczyptę soli. Pozwól imbirowi skwierczeć w oleju przez około 30 sekund, delikatnie mieszając. Dodaj wołowinę do woka i smaż, mieszając, przez 3 do 4 minut, aż przestanie być różowa. Wołowinę przełożyć do miski i odstawić.
d) Dodaj brokuły i czosnek i smaż mieszając przez 1 minutę, następnie dodaj pozostałe 2 łyżki wody. Przykryj wok i gotuj brokuły na parze przez 6 do 8 minut, aż będą chrupiące i miękkie.
e) Wołowinę włóż z powrotem do woka i mieszaj sos przez 2 do 3 minut, aż całkowicie się nim pokryje, a sos lekko zgęstnieje. Wyrzuć imbir, przełóż na talerz i podawaj na gorąco.

16.Smażona wołowina z czarnym pieprzem

SKŁADNIKI:

- 1 łyżka sosu ostrygowego
- 1 łyżka wina ryżowego Shaoxing
- 2 łyżeczki skrobi kukurydzianej
- 2 łyżeczki jasnego sosu sojowego
- Mielony biały pieprz
- ¼ łyżeczki cukru
- ¾ funta końcówek polędwicy wołowej lub polędwicy wołowej, pokrojonych na 1-calowe kawałki
- 3 łyżki oleju roślinnego
- 3 obrane plasterki świeżego imbiru, każdy wielkości około ćwiartki
- Sól koszerna
- 1 zielona papryka pokrojona w paski o szerokości ½ cala
- 1 mała czerwona cebula, pokrojona w cienkie paski
- 1 łyżeczka świeżo zmielonego czarnego pieprzu lub więcej do smaku
- 2 łyżeczki oleju sezamowego

INSTRUKCJE:

a) W misce wymieszaj sos ostrygowy, wino ryżowe, skrobię kukurydzianą, jasną soję, szczyptę białego pieprzu i cukier. Obtocz wołowinę i marynuj przez 10 minut.

b) Rozgrzej wok na średnim ogniu, aż kropla wody zacznie skwierczeć i odparuje przy kontakcie. Wlej olej roślinny i obracaj, aby pokryć dno woka. Dodaj imbir i szczyptę soli. Pozwól imbirowi skwierczeć w oleju przez około 30 sekund, delikatnie mieszając.

c) Za pomocą szczypiec przenieś wołowinę do woka i wylej pozostałą marynatę. Smaż na woku przez 1 do 2 minut lub do momentu, aż utworzy się brązowa, przypieczona skórka. Przewróć wołowinę i smaż po drugiej stronie, kolejne 2 minuty. Smażyć, podrzucać i przewracać na woku przez kolejne 1 do 2 minut, następnie przenieść wołowinę do czystej miski.

d) Dodaj paprykę i cebulę i smaż mieszając przez 2 do 3 minut lub do momentu, aż warzywa będą lśniące i miękkie. Wołowinę włóż z powrotem do woka, dodaj czarny pieprz i smaż razem jeszcze przez 1 minutę, mieszając.

e) Wyrzuć imbir, przełóż na talerz i skrop olejem sezamowym. Podawać na gorąco.

17. Wołowina mongolska

SKŁADNIKI:
- 2 łyżki wina ryżowego Shaoxing
- 1 łyżka ciemnego sosu sojowego
- 1 łyżka skrobi kukurydzianej, podzielona
- ¾ funtowy stek z flanki, pokrojony wzdłuż włókien na plastry o grubości ¼ cala
- ¼ szklanki bulionu z kurczaka o niskiej zawartości sodu
- 1 łyżka jasnego brązowego cukru
- 1 szklanka oleju roślinnego
- 4 lub 5 całych suszonych czerwonych chińskich chilli
- 4 ząbki czosnku, grubo posiekane
- 1 łyżeczka obranego, drobno posiekanego świeżego imbiru
- ½ żółtej cebuli, pokrojonej w cienkie plasterki
- 2 łyżki grubo posiekanej świeżej kolendry

INSTRUKCJE:

a) W misce wymieszaj wino ryżowe, ciemną soję i 1 łyżkę skrobi kukurydzianej. Dodaj pokrojony stek z flanki i podsmaż. Odstawić i marynować przez 10 minut.

b) Wlej olej do woka i na średnim ogniu doprowadź go do temperatury 375°F. O właściwej temperaturze oleju można przekonać się, zanurzając w nim koniec drewnianej łyżki. Jeśli olej wokół niego zacznie bulgotać i skwiercze, oznacza to, że jest on gotowy.

c) Wyjmij wołowinę z marynaty, zachowując marynatę. Dodaj wołowinę do oleju i smaż przez 2 do 3 minut, aż uzyska złotą skórkę. Za pomocą skimmera do woka przenieś wołowinę do czystej miski i odłóż na bok. Do miski z marynatą dodaj bulion z kurczaka i brązowy cukier i wymieszaj, aby połączyć.

d) Wylej z woka wszystko oprócz 1 łyżki oleju i postaw na średnio-wysokim ogniu. Dodaj papryczkę chili, czosnek i imbir. Pozwól, aby aromaty skwierczały w oleju przez około 10 sekund, delikatnie mieszając.

e) Dodaj cebulę i smaż, mieszając, przez 1 do 2 minut lub do momentu, aż cebula będzie miękka i przezroczysta. Dodaj mieszankę bulionu z kurczaka i wymieszaj, aby połączyć. Gotuj na wolnym ogniu przez około 2 minuty, następnie dodaj wołowinę i całość mieszaj przez kolejne 30 sekund.

f) Przełóż na talerz, udekoruj kolendrą i podawaj na gorąco.

18. Wołowina Syczuańska z Selerem i Marchewką

SKŁADNIKI:

- 2 łyżki wina ryżowego Shaoxing
- 1 łyżka ciemnego sosu sojowego
- 2 łyżeczki oleju sezamowego
- ¾ funtowy stek z flanki lub spódnicy, pokrojony wzdłuż włókien na plastry o grubości ¼ cala
- 1 łyżka sosu hoisin
- 2 łyżeczki jasnego sosu sojowego
- 2 łyżeczki wody
- 2 łyżki skrobi kukurydzianej, podzielone
- ¼ łyżeczki chińskiego proszku pięciu przypraw
- 2 łyżki oleju roślinnego
- 1 łyżeczka zmielonych ziaren pieprzu syczuańskiego
- 4 obrane plasterki świeżego imbiru, każdy wielkości około ćwiartki
- 3 ząbki czosnku, lekko zmiażdżone
- 2 łodygi selera pokrojone w 3-calowe paski
- 1 duża marchewka, obrana i pokrojona w 3-calowe paski
- 2 szalotki, pokrojone w cienkie plasterki

INSTRUKCJE:

a) W misce wymieszaj wino ryżowe, ciemną soję i olej sezamowy. Dodać wołowinę i wymieszać do połączenia. Odstawić na 10 minut. W małej misce połącz sos hoisin, jasną soję, wodę, 1 łyżkę stołową skrobi kukurydzianej i proszek pięciu przypraw. Odłożyć na bok.

b) Rozgrzej wok na średnim ogniu, aż kropla wody zacznie skwierczeć i odparuje przy kontakcie. Wlej olej roślinny i obracaj, aby pokryć dno woka. Dopraw oliwę dodając ziarna pieprzu, imbir i czosnek. Pozwól, aby aromaty skwierczały w oleju przez około 10 sekund, delikatnie mieszając.

c) Wrzuć wołowinę do pozostałej 1 łyżki skrobi kukurydzianej i dodaj do woka. Smaż wołowinę na brzegach woka przez 1 do 2 minut lub do momentu, aż utworzy się złotobrązowa, przypieczona skórka. Przewróć i smaż po drugiej stronie przez kolejną minutę. Mieszaj i przewracaj przez kolejne 2 minuty, aż wołowina przestanie być różowa.

d) Przesuń wołowinę na boki woka, a na środek dodaj seler i marchewkę. Smażyć, podrzucać i przewracać, aż warzywa będą miękkie, kolejne 2 do 3 minut. Wymieszaj sos hoisin i wlej do woka. Kontynuuj smażenie, pokrywając wołowinę i warzywa sosem przez 1 do 2 minut, aż sos zacznie gęstnieć i stanie się błyszczący. Usuń imbir i czosnek i wyrzuć.

e) Przełożyć na talerz i udekorować szalotkami. Podawać na gorąco.

19. Kubki z sałatą wołową Hoisin

SKŁADNIKI:

- ¾ funta mielonej wołowiny
- 2 łyżeczki skrobi kukurydzianej
- Sól koszerna
- Świeżo zmielony czarny pieprz
- 3 łyżki oleju roślinnego, podzielone
- 1 łyżka obranego, drobno posiekanego imbiru
- 2 ząbki czosnku, drobno posiekane
- 1 marchewka, obrana i pokrojona w julienne
- 1 (4 uncje) puszka pokrojonych w kostkę kasztanów wodnych, odsączonych i opłukanych
- 2 łyżki sosu hoisin
- 3 szalotki, oddzielone białe i zielone części, pokrojone w cienkie plasterki
- 8 szerokich liści sałaty lodowej (lub Bibb), przyciętych w schludne okrągłe miseczki

INSTRUKCJE:

a) W misce posyp wołowinę skrobią kukurydzianą oraz szczyptą soli i pieprzu. Dobrze wymieszaj, aby połączyć.

b) Podgrzej wok na średnim ogniu, aż kropelka wody zacznie skwierczeć i odparuje przy kontakcie. Wlej 2 łyżki oleju i obracaj, aż pokryje dno woka. Dodaj wołowinę i obsmaż z obu stron, następnie wymieszaj i przewróć, rozbijając wołowinę na okruszki i grudki przez 3 do 4 minut, aż wołowina przestanie być różowa. Przełóż wołowinę do czystej miski i odłóż na bok.

c) Wytrzyj wok do czysta i postaw go ponownie na średnim ogniu. Dodajemy pozostałą 1 łyżkę oleju i szybko podsmażamy imbir i czosnek ze szczyptą soli. Gdy tylko czosnek zacznie pachnieć, wrzuć marchewkę i kasztany wodne na 2–3 minuty, aż marchewka stanie się miękka. Zmniejsz ogień do średniego, włóż wołowinę z powrotem do woka i wymieszaj z sosem hoisin i białkami cebuli. Mieszaj, aby połączyć, około kolejnych 45 sekund.

d) Rozłóż liście sałaty, po 2 na talerz, i równomiernie rozdziel mieszankę wołową pomiędzy liście sałaty. Udekoruj zieloną cebulką i jedz jak miękkie taco.

20.Smażone Kotlety Schabowe Z Cebulą

SKŁADNIKI:
- 4 kotlety schabowe bez kości
- 1 łyżka wina Shaoxing
- ½ łyżeczki świeżo zmielonego czarnego pieprzu
- Sól koszerna
- 3 szklanki oleju roślinnego
- 2 łyżki skrobi kukurydzianej
- 3 obrane plasterki świeżego imbiru, każdy wielkości około ćwiartki
- 1 średnia żółta cebula, pokrojona w cienkie plasterki
- 2 ząbki czosnku, drobno posiekane
- 2 łyżki jasnego sosu sojowego
- 1 łyżeczka ciemnego sosu sojowego
- ½ łyżeczki octu winnego z czerwonego wina
- Cukier

INSTRUKCJE:
a) Rozbij kotlety wieprzowe tłuczkiem do mięsa, aż osiągną grubość ½ cala. Przełóż do miski i dopraw winem ryżowym, pieprzem i małą szczyptą soli. Marynuj przez 10 minut.
b) Wlej olej do woka; olej powinien mieć głębokość około 1 do 1½ cala. Doprowadzić olej do 375°F na średnim ogniu. O właściwej temperaturze oleju można przekonać się, zanurzając w nim koniec drewnianej łyżki. Jeśli olej wokół niego zacznie bulgotać i skwiercze, oznacza to, że jest on gotowy.
c) Pracując w 2 partiach, posyp kotlety skrobią kukurydzianą. Delikatnie wrzucaj je pojedynczo na olej i smaż przez 5 do 6 minut, aż będą złociste. Przełożyć na talerz wyłożony ręcznikiem papierowym.
d) Wylej z woka wszystko oprócz 1 łyżki oleju i postaw na średnio-wysokim ogniu. Dopraw oliwę dodając imbir i szczyptę soli. Pozwól imbirowi skwierczeć w oleju przez około 30 sekund, delikatnie mieszając.
e) Smaż cebulę przez około 4 minuty, aż będzie przezroczysta i miękka. Dodaj czosnek i smaż przez kolejne 30 sekund lub do momentu, aż zacznie pachnieć. Przełożyć na talerz z kotletami schabowymi.
f) Do woka wlać jasną, ciemną soję, ocet winny i szczyptę cukru, wymieszać.
g) Doprowadzić do wrzenia i wrzucić cebulę i kotlety schabowe do woka. Wymieszaj, aż sos zacznie lekko gęstnieć.
h) Wyjmij imbir i wyrzuć. Przełożyć na talerz i natychmiast podawać.

21. Wieprzowina Pięć Przypraw z Bok Choy

SKŁADNIKI:

- 1 łyżka jasnego sosu sojowego
- 1 łyżka wina ryżowego Shaoxing
- 1 łyżeczka chińskiego proszku pięciu przypraw
- 1 łyżeczka skrobi kukurydzianej
- ½ łyżeczki jasnego brązowego cukru
- ¾ funta mielonej wieprzowiny
- 2 łyżki oleju roślinnego
- 2 ząbki czosnku, obrane i lekko rozgniecione
- Sól koszerna
- 2–3 główki bok choy, pokrojone w poprzek na kawałki wielkości kęsa
- 1 marchewka, obrana i pokrojona w julienne
- Ugotowany ryż, do podania

INSTRUKCJE:

a) W misce wymieszaj jasną soję, wino ryżowe, proszek pięciu przypraw, skrobię kukurydzianą i brązowy cukier. Dodać wieprzowinę i delikatnie wymieszać do połączenia. Odstawić do marynowania na 10 minut.

b) Rozgrzej wok na średnim ogniu, aż kropla wody zacznie skwierczeć i odparuje przy kontakcie. Wlej olej i obracaj, aby pokryć dno woka. Oliwę doprawić dodając czosnek i szczyptę soli. Pozwól czosnkowi skwierczeć w oleju przez około 10 sekund, delikatnie mieszając.

c) Dodaj wieprzowinę do woka i pozostaw ją, aby przysmażyła się przy ściankach woka przez 1 do 2 minut lub do momentu, aż utworzy się złota skorupa. Przewróć i smaż po drugiej stronie jeszcze przez minutę. Wymieszaj i obróć, aby smażyć wieprzowinę przez kolejne 1 do 2 minut, rozbijając ją na kawałki i grudki, aż przestanie być różowa.

d) Dodaj bok choy i marchewkę, wymieszaj i przewróć, aby połączyć się z wieprzowiną. Kontynuuj smażenie przez 2 do 3 minut, aż marchewka i bok choy będą miękkie. Przełóż na talerz i podawaj na gorąco z ryżem gotowanym na parze.

22. Smażona wieprzowina Hoisin

SKŁADNIKI:
- 2 łyżeczki wina ryżowego Shaoxing
- 2 łyżeczki jasnego sosu sojowego
- ½ łyżeczki pasty chili
- ¾ funta polędwiczki wieprzowej bez kości, pokrojonej w cienkie paski julienne
- 2 łyżki oleju roślinnego
- 4 obrane plasterki świeżego imbiru, każdy wielkości około ćwiartki
- Sól koszerna
- 4 uncje groszku śnieżnego, pokrojonego w cienkie plasterki po przekątnej
- 2 łyżki sosu hoisin
- 1 łyżka wody

INSTRUKCJE:
a) W misce wymieszaj wino ryżowe, jasną soję i pastę chili. Dodać wieprzowinę i wymieszać. Odstawić do marynowania na 10 minut.
b) Rozgrzej wok na średnim ogniu, aż kropla wody zacznie skwierczeć i odparuje przy kontakcie. Wlej olej i obracaj, aby pokryć dno woka. Dopraw oliwę dodając imbir i szczyptę soli. Pozwól imbirowi skwierczeć w oleju przez około 30 sekund, delikatnie mieszając.
c) Dodaj wieprzowinę i marynatę i smaż mieszając przez 2 do 3 minut, aż przestaną być różowe. Dodaj groszek śnieżny i smaż przez około 1 minutę, aż będzie miękki i przezroczysty. Dodajemy sos hoisin i wodę, żeby sos się rozpuścił. Kontynuuj mieszanie i przewracanie przez 30 sekund lub do momentu, aż sos się rozgrzeje i pokryje wieprzowinę i groszek śnieżny.
d) Przełożyć na talerz i podawać na gorąco.

23.Dwukrotnie Gotowany Brzuch Wieprzowy

SKŁADNIKI:
- 1-funtowy brzuch wieprzowy bez kości
- ⅓ szklanki sosu z czarnej fasoli lub kupionego w sklepie sosu z czarnej fasoli
- 1 łyżka wina ryżowego Shaoxing
- 1 łyżeczka ciemnego sosu sojowego
- ½ łyżeczki cukru
- 2 łyżki oleju roślinnego, podzielone
- 4 obrane plasterki świeżego imbiru, każdy wielkości około ćwiartki
- Sól koszerna
- 1 por przekrojony wzdłuż na pół i pokrojony ukośnie na ½-calowe plasterki
- ½ czerwonej papryki, pokrojonej w plasterki

INSTRUKCJE:

a) W dużym rondlu umieść wieprzowinę i zalej wodą. Doprowadź patelnię do wrzenia, a następnie zmniejsz ogień. Gotuj na wolnym ogniu bez przykrycia przez 30 minut lub do momentu, aż wieprzowina będzie miękka i ugotowana. Za pomocą łyżki cedzakowej przełóż wieprzowinę do miski (odlej płyn z gotowania) i pozostaw do ostygnięcia. Przechowywać w lodówce przez kilka godzin lub przez noc. Gdy wieprzowina ostygnie, pokrój ją w plastry o grubości ¼ cala i odłóż na bok. Pozostawienie wieprzowiny do całkowitego ostygnięcia przed pokrojeniem w plasterki ułatwi ci cienkie plasterki.

b) W szklanej miarce wymieszaj sos z czarnej fasoli, wino ryżowe, ciemną soję i cukier i odłóż na bok.

c) Rozgrzej wok na średnim ogniu, aż kropla wody zacznie skwierczeć i odparuje przy kontakcie. Wlej 1 łyżkę oleju i obracaj, aby pokryć dno woka. Dopraw oliwę dodając imbir i szczyptę soli. Pozwól imbirowi skwierczeć w oleju przez około 30 sekund, delikatnie mieszając.

d) Pracując partiami, przenieś połowę wieprzowiny do woka. Kawałki smażymy w woku przez 2–3 minuty. Przewróć na drugą stronę i smaż przez kolejne 1–2 minuty, aż wieprzowina zacznie się zwijać. Przełożyć do czystej miski. Powtórz z pozostałą wieprzowiną.

e) Dodaj pozostałą 1 łyżkę oleju. Dodaj por i czerwoną paprykę i smaż mieszając przez 1 minutę, aż por będzie miękki. Zalać sosem i smażyć, aż zacznie wydzielać aromat.

f) Włóż wieprzowinę z powrotem na patelnię i kontynuuj smażenie przez kolejne 2–3 minuty, aż wszystko będzie ugotowane.

g) Wyrzuć plasterki imbiru i przełóż na półmisek.

24. Wieprzowina Mu Shu z naleśnikami na patelni

SKŁADNIKI:
DO NALEŚNIKÓW
- 1 ¾ szklanki mąki uniwersalnej
- ¾ szklanki wrzącej wody
- Sól koszerna
- 3 łyżki oleju sezamowego

DO WIEPRZNINY MU SHU
- 2 łyżki jasnego sosu sojowego
- 1 łyżeczka skrobi kukurydzianej
- 1 łyżeczka wina ryżowego Shaoxing
- Mielony biały pieprz
- ¾ funta schabu bez kości, pokrojonego w paski o szerokości ¼ cala
- 3 łyżki oleju roślinnego
- 2 łyżeczki obranego, drobno posiekanego świeżego imbiru
- Sól koszerna
- 1 duża marchewka, obrana i pokrojona w cienkie plasterki o długości 3 cali
- 6 do 8 świeżych grzybów usznych, pokrojonych w cienkie paski julienne
- ½ małej główki zielonej kapusty, posiekanej
- 2 szalotki, pokrojone na kawałki o długości ½ cala
- 1 (4 uncje) puszka pokrojonych w plasterki pędów bambusa, odsączonych i pokrojonych w cienkie paski
- ¼ szklanki sosu śliwkowego do podania

INSTRUKCJE:
DO ROBIENIA NALEŚNIKÓW
a) W dużej misce za pomocą drewnianej łyżki wymieszaj mąkę, wrzącą wodę i szczyptę soli. Wszystko mieszamy, aż powstanie puszyste ciasto. Przełóż ciasto na posypaną mąką deskę do krojenia i ugniataj ręcznie przez około 4 minuty lub do momentu, aż będzie gładkie.

b) Ciasto będzie gorące, dlatego należy nosić rękawiczki jednorazowe, aby chronić dłonie. Ciasto włóż z powrotem do miski i przykryj folią. Odstaw na 30 minut.

c) Z ciasta uformuj wałek o długości 12 cali, rozwałkowując go rękami.
d) Pokrój kłodę na 12 równych kawałków, zachowując okrągły kształt, aby utworzyć medaliony. Medaliony spłaszcz w dłoniach i posmaruj ich wierzch olejem sezamowym. Zciśnij naoliwione boki, aby utworzyć 6 stosów podwójnych kawałków ciasta.
e) Zwiń każdy stos w jeden cienki, okrągły arkusz o średnicy od 7 do 8 cali. Najlepiej w trakcie obracania naleśnika przewracać go na drugą stronę, aby uzyskać równą grubość z obu stron.
f) Rozgrzej żeliwną patelnię na średnim ogniu i smaż naleśniki pojedynczo przez około 1 minutę po pierwszej stronie, aż staną się lekko przezroczyste i zaczną tworzyć się pęcherze. Odwróć się, aby smażyć drugą stronę, kolejne 30 sekund.
g) Przełóż naleśnik na talerz wyłożony ręcznikiem kuchennym i ostrożnie oddziel od siebie oba naleśniki. Trzymaj je pod ręcznikiem, aby pozostały ciepłe, podczas robienia pozostałych naleśników. Odstawić do momentu podania.

DO ZROBIENIA WIEPRZNINY MU SHU
h) W misce wymieszaj jasną soję, skrobię kukurydzianą, wino ryżowe i szczyptę białego pieprzu. Dodaj pokrojoną wieprzowinę, wymieszaj i marynuj przez 10 minut.
i) Rozgrzej wok na średnim ogniu, aż kropla wody zacznie skwierczeć i odparuje przy kontakcie. Wlej olej roślinny i obracaj, aby pokryć dno woka. Dopraw oliwę dodając imbir i szczyptę soli. Pozwól imbirowi skwierczeć w oleju przez około 10 sekund, delikatnie mieszając.
j) Dodaj wieprzowinę i smaż mieszając przez 1 do 2 minut, aż przestanie być różowa. Dodaj marchewkę i grzyby i kontynuuj smażenie, mieszając, przez kolejne 2 minuty lub do momentu, aż marchewka będzie miękka.
k) Dodaj kapustę, szalotkę i pędy bambusa i smaż mieszając przez kolejną minutę lub do momentu, aż się zarumienią.
l) Przełożyć do miski i podawać, nakładając łyżką nadzienie wieprzowe na środek naleśnika i polewając sosem śliwkowym.

25.Żeberka wieprzowe z sosem z czarnej fasoli

SKŁADNIKI:

- 1-funtowe żeberka wieprzowe, pokrojone w poprzek na paski o szerokości 1½ cala
- ¼ łyżeczki mielonego białego pieprzu
- 2 łyżki sosu z czarnej fasoli lub kupionego w sklepie sosu z czarnej fasoli
- 1 łyżka wina ryżowego Shaoxing
- 1 łyżka oleju roślinnego
- 2 łyżeczki skrobi kukurydzianej
- ½-calowy kawałek świeżego imbiru, obrany i drobno posiekany
- 2 ząbki czosnku, drobno posiekane
- 1 łyżeczka oleju sezamowego
- 2 szalotki, pokrojone w cienkie plasterki

INSTRUKCJE:

a) Przekrój pomiędzy żebrami, aby podzielić je na kawałki wielkości kęsa. W płytkiej, żaroodpornej misce wymieszaj żeberka i biały pieprz. Dodaj sos z czarnej fasoli, wino ryżowe, olej roślinny, skrobię kukurydzianą, imbir i czosnek i wymieszaj, upewniając się, że wszystkie żeberka są nią pokryte. Marynuj przez 10 minut.

b) Opłucz bambusowy koszyk do gotowania na parze wraz z pokrywką pod zimną wodą i umieść go w woku. Wlej 2 cale wody lub tak, aby sięgała ponad dolną krawędź naczynia do gotowania na parze o około ¼ do ½ cala, ale nie tak bardzo, aby dotykała dna kosza. Miskę z żeberkami włożyć do koszyka do gotowania na parze i przykryć.

c) Zwiększ ogień do wysokiego, aby zagotować wodę, a następnie zmniejsz ogień do średnio-wysokiego. Gotuj na średnim ogniu przez 20 do 22 minut lub do momentu, aż żeberka przestaną być różowe. Być może trzeba będzie uzupełnić wodę, więc sprawdzaj, czy nie wygotowała się w woku.

d) Ostrożnie wyjmij miskę z koszyka do gotowania na parze. Skrop żeberka olejem sezamowym i udekoruj cebulą. Natychmiast podawaj.

26.Smażona mongolska jagnięcina

SKŁADNIKI:

- 2 łyżki wina ryżowego Shaoxing
- 1 łyżka ciemnego sosu sojowego
- 3 ząbki czosnku, posiekane
- 2 łyżeczki skrobi kukurydzianej
- 1 łyżeczka oleju sezamowego
- 1-funtowy udziec jagnięcy bez kości, pokrojony w plastry o grubości ¼ cala
- 3 łyżki oleju roślinnego, podzielone
- 4 obrane plasterki świeżego imbiru, każdy wielkości około ćwiartki
- 2 całe suszone czerwone papryczki chili (opcjonalnie)
- Sól koszerna
- 4 szalotki, pokrojone na kawałki o długości 3 cali, a następnie pokrojone w cienkie plasterki wzdłuż

INSTRUKCJE:

a) W dużej misce wymieszaj wino ryżowe, ciemną soję, czosnek, skrobię kukurydzianą i olej sezamowy. Do marynaty dodać jagnięcinę i wymieszać. Marynuj przez 10 minut.
b) Rozgrzej wok na średnim ogniu, aż kropla wody zacznie skwierczeć i odparuje przy kontakcie. Wlej 2 łyżki oleju roślinnego i zamieszaj, aby pokryć dno woka. Dopraw oliwę dodając imbir, chilli (jeśli używasz) i szczyptę soli. Pozwól, aby aromaty skwierczały w oleju przez około 30 sekund, delikatnie mieszając.
c) Za pomocą szczypiec wyjmij połowę jagnięciny z marynaty, lekko potrząsając, aby nadmiar spłynął. Zarezerwuj marynatę. Smaż w woku przez 2 do 3 minut. Obróć i smaż po drugiej stronie przez kolejne 1–2 minuty. Smażyć, mieszając i obracając szybko w woku, przez kolejną minutę. Przełożyć do czystej miski. Dodaj pozostałą 1 łyżkę oleju roślinnego i powtórz tę czynność z pozostałą jagnięciną.
d) Włóż całą jagnięcinę i zarezerwowaną marynatę do woka i wrzuć szalotki. Smażyć przez kolejną 1 minutę lub do momentu, aż jagnięcina będzie ugotowana, a marynata zmieni się w błyszczący sos.
e) Przełożyć na półmisek, wyrzucić imbir i podawać na gorąco.

27. Jagnięcina z Imbirem i Porem

SKŁADNIKI:
- ¾ funta udka jagnięcego bez kości, pokrojonego na 3 kawałki, a następnie pokrojonego w cienkie plasterki w poprzek włókien
- Sól koszerna
- 2 łyżki wina ryżowego Shaoxing
- 1 łyżka ciemnego sosu sojowego
- 1 łyżka jasnego sosu sojowego
- 1 łyżeczka sosu ostrygowego
- 1 łyżeczka miodu
- 1 do 2 łyżek oleju sezamowego
- ½ łyżeczki zmielonych ziaren pieprzu syczuańskiego
- 2 łyżeczki skrobi kukurydzianej
- 2 łyżki oleju roślinnego
- 1 łyżka obranego i drobno posiekanego świeżego imbiru
- 2 pory, obrane i pokrojone w cienkie plasterki
- 4 ząbki czosnku, drobno posiekane

INSTRUKCJE:
a) W misce lekko dopraw jagnięcinę 1–2 szczyptami soli. Wymieszać z masą i odstawić na 10 minut. W małej misce wymieszaj wino ryżowe, ciemną soję, jasną soję, sos ostrygowy, miód, olej sezamowy, pieprz syczuański i skrobię kukurydzianą. Odłożyć na bok.
b) Rozgrzej wok na średnim ogniu, aż kropla wody zacznie skwierczeć i odparuje przy kontakcie. Wlej olej roślinny i obracaj, aby pokryć dno woka. Dopraw oliwę dodając imbir i szczyptę soli. Pozwól imbirowi skwierczeć w oleju przez około 10 sekund, delikatnie mieszając.
c) Dodaj jagnięcinę i smaż przez 1 do 2 minut, następnie zacznij smażyć, mieszając i przewracając przez kolejne 2 minuty lub do momentu, aż przestanie być różowe. Przełożyć do czystej miski i odstawić.
d) Dodaj pory i czosnek i smaż mieszając przez 1 do 2 minut lub do momentu, aż pory będą jasnozielone i miękkie. Przełożyć do miski jagnięcej.
e) Wlać mieszaninę sosu i gotować na wolnym ogniu przez 3 do 4 minut, aż sos zredukuje się o połowę i stanie się błyszczący. Włóż jagnięcinę i warzywa do woka i wymieszaj, aby połączyć je z sosem.
f) Przełożyć na talerz i podawać na gorąco.

28.Wołowina z tajską bazylią

SKŁADNIKI:
- 2 łyżki oleju
- 12 uncji. wołowina pokrojona w cienkie plasterki i wymieszana z 1 łyżeczką oleju i 2 łyżeczkami skrobi kukurydzianej
- 5 ząbków czosnku, posiekanych
- ½ czerwonej papryki, pokrojonej w cienkie plasterki
- 1 mała cebula, pokrojona w cienkie plasterki
- 2 łyżeczki sosu sojowego
- 1 łyżeczka ciemnego sosu sojowego
- 1 łyżeczka sosu ostrygowego
- 1 łyżka sosu rybnego
- ½ łyżeczki cukru
- 1 szklanka liści tajskiej bazylii, zapakowana
- Kolendra, do dekoracji

INSTRUKCJE:
a) Rozgrzej wok na dużym ogniu i dodaj olej. Smaż wołowinę, aż się zrumieni. Wyjmij z woka i odłóż na bok.
b) Do woka dodać czosnek i czerwoną paprykę i smażyć mieszając przez około 20 sekund.
c) Dodajemy cebulę i smażymy, aż się zrumieni i lekko skarmelizuje.
d) Wrzuć z powrotem wołowinę, sos sojowy, ciemny sos sojowy, sos ostrygowy, sos rybny i cukier.
e) Smaż przez kolejne kilka sekund, a następnie dodaj tajską bazylię, aż zwiędnie.
f) Podawać z ryżem jaśminowym i udekorować kolendrą.

29.Chińska wieprzowina BBQ

SKŁADNIKI:
- 3 funty (1,4 kg) łopatki / tyłka wieprzowego (wybierz kawałek z odrobiną dobrego tłuszczu)
- ¼ szklanki (50 g) cukru
- 2 łyżeczki soli
- ½ łyżeczki proszku pięciu przypraw
- ¼ łyżeczki białego pieprzu
- ½ łyżeczki oleju sezamowego
- 1 łyżka wina Shaoxing lub
- Chińskie wino śliwkowe
- 1 łyżka sosu sojowego
- 1 łyżka sosu hoisin
- 2 łyżeczki melasy
- 3 ząbki drobno posiekanego czosnku
- 2 łyżki maltozy lub miodu
- 1 łyżka gorącej wody

INSTRUKCJE:
a) Pokrój wieprzowinę w długie paski lub kawałki o grubości około 3 cali. Nie odcinaj nadmiaru tłuszczu, ponieważ wytopi się i doda smaku.
b) Połącz w misce cukier, sól, pięć przypraw w proszku, biały pieprz, olej sezamowy, wino, sos sojowy, sos hoisin, melasę, barwnik spożywczy (jeśli używasz) i czosnek w misce, aby przygotować marynatę.
c) Odłóż około 2 łyżek marynaty i odłóż na bok. W dużej misce lub naczyniu do pieczenia natrzyj wieprzowinę resztą marynaty. Przykryj i wstaw do lodówki na noc lub co najmniej 8 godzin. Przykryj i przechowuj zarezerwowaną marynatę również w lodówce.
d) Rozgrzej piekarnik do najwyższego ustawienia (250–290 stopni C) z rusztem umieszczonym w górnej jednej trzeciej części piekarnika. Blachę wyłóż folią i umieść na niej metalową kratkę. Połóż wieprzowinę na ruszcie, pozostawiając między kawałkami jak najwięcej miejsca. Wlej 1 ½ szklanki wody do garnka pod rusztem. Zapobiegnie to spaleniu lub dymieniu kropel.

e) Przełóż wieprzowinę do nagrzanego piekarnika i piecz przez 25 minut. Po 25 minutach obróć wieprzowinę na drugą stronę. Jeśli dno patelni jest suche, dodaj kolejną szklankę wody. Obróć patelnię o 180 stopni, aby zapewnić równomierne pieczenie. Piec kolejne 15 minut.
f) W międzyczasie połącz zarezerwowaną marynatę z maltozą lub miodem i 1 łyżką gorącej wody. To będzie sos, którego użyjesz do polewania wieprzowiny.
g) Po 40 minutach całkowitego czasu pieczenia posmaruj wieprzowinę, przewróć ją i posmaruj także drugą stronę. Piecz przez ostatnie 10 minut.
h) Po 50 minutach całkowitego czasu pieczenia wieprzowina powinna być ugotowana i karmelizowana na wierzchu. Jeśli karmelizacja nie odpowiada Twoim upodobaniom, możesz włączyć grill na kilka minut, aby uzyskać chrupiącą skórkę i dodać trochę koloru/smaku.
i) Wyjmij z piekarnika i posmaruj ostatnim kawałkiem zarezerwowanego sosu BBQ. Przed pokrojeniem odstaw mięso na 10 minut i ciesz się smakiem!

30.Bułeczki wieprzowe na parze BBQ

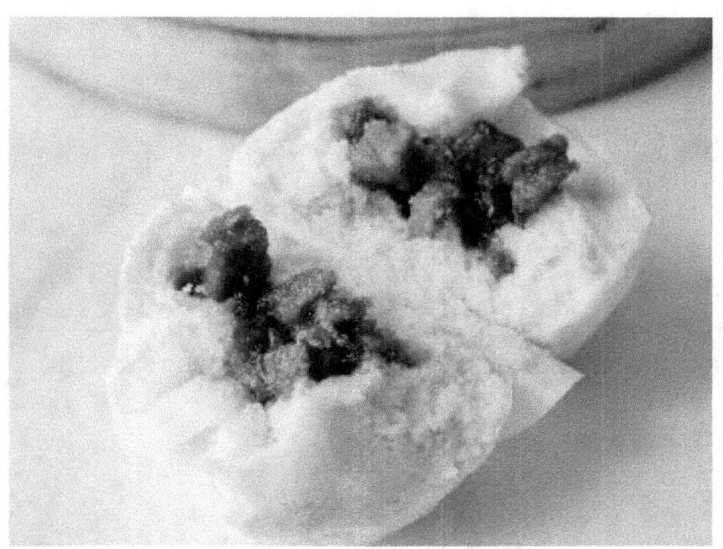

SKŁADNIKI:
NA CIASTO BUŁKOWE NA PARZE:
- 1 łyżeczka aktywnych suchych drożdży
- ¾ szklanki ciepłej wody
- 2 filiżanki mąki uniwersalnej
- 1 szklanka skrobi kukurydzianej
- 5 łyżek cukru
- ¼ szklanki oleju rzepakowego lub roślinnego
- 2½ łyżeczki proszku do pieczenia

DO WYPEŁNIENIA:
- 1 łyżka oleju
- ⅓ szklanki drobno posiekanej szalotki lub czerwonej cebuli
- 1 łyżka cukru
- 1 łyżka jasnego sosu sojowego
- 1 ½ łyżki sosu ostrygowego
- 2 łyżeczki oleju sezamowego
- 2 łyżeczki ciemnego sosu sojowego
- ½ szklanki bulionu z kurczaka
- 2 łyżki mąki uniwersalnej
- 1 ½ szklanki pokrojonej w kostkę chińskiej pieczeni wieprzowej

INSTRUKCJE:
a) W misie miksera elektrycznego wyposażonego w końcówkę do wyrabiania ciasta (można też użyć zwykłej miski i wyrabiać ciasto ręcznie) rozpuścić 1 łyżeczkę aktywnych suchych drożdży w 3/4 szklanki ciepłej wody. Przesiać mąkę i skrobię kukurydzianą, dodać do mieszanki drożdżowej wraz z cukrem i olejem.

b) Włącz mikser na najniższy poziom i poczekaj, aż utworzy się gładka kula ciasta. Przykryj wilgotną ściereczką i odstaw na 2 godziny. (Później dodasz proszek do pieczenia!)

c) Kiedy ciasto odpoczywa, przygotuj nadzienie mięsne. Rozgrzej 1 łyżkę oleju w woku na średnim ogniu. Dodać szalotkę/cebulę i smażyć mieszając przez 1 minutę. Zmniejsz ogień do średniego i dodaj cukier, jasny sos sojowy, sos ostrygowy, olej sezamowy i ciemny sos sojowy. Mieszaj i gotuj, aż mieszanina zacznie wrzeć. Dodaj bulion z kurczaka i mąkę, gotuj przez 3 minuty, aż zgęstnieje.

Zdjąć z ognia i wymieszać z pieczoną wieprzowiną. Odstawić do ostygnięcia. Jeśli przygotowujesz nadzienie wcześniej, przykryj je i przechowuj w lodówce, aby zapobiec wyschnięciu.

d) Gdy ciasto odpocznie przez 2 godziny, dodaj do ciasta proszek do pieczenia i włącz mikser na najniższy stopień. Na tym etapie, jeśli ciasto wygląda na suche lub masz problemy z dodaniem proszku do pieczenia, dodaj 1-2 łyżeczki wody. Delikatnie zagniataj ciasto, aż znów stanie się gładkie. Przykrywamy wilgotną ściereczką i odstawiamy na kolejne 15 minut. W międzyczasie weź duży kawałek pergaminu i pokrój go na dziesięć kwadratów o wymiarach 4 x 4 cale. Przygotuj parowar, doprowadzając wodę do wrzenia.

e) Teraz jesteśmy gotowi do złożenia bułek: zwiń ciasto w długą rurkę i podziel na 10 równych części. Z każdego kawałka ciasta uformuj dysk o średnicy około 4,5 cala (powinno być grubsze w środku i cieńsze na brzegach). Dodaj trochę nadzienia i złóż bułki tak, aby były zamknięte z wierzchu.

f) Każdą bułkę ułóż na kwadracie wyłożonym papierem pergaminowym i gotuj na parze. Bułeczki ugotowałam na parze w dwóch oddzielnych partiach, używając bambusowej patelni.

g) Gdy woda się zagotuje, włóż bułki do naczynia do gotowania na parze i gotuj każdą partię przez 12 minut na dużym ogniu.

31.Kantoński pieczony brzuch wieprzowy

SKŁADNIKI:

- 3-funtowy kawałek boczku wieprzowego ze skórą
- 2 łyżeczki wina Shaoxing
- 2 łyżeczki soli
- 1 łyżeczka cukru
- ½ łyżeczki proszku pięciu przypraw
- ¼ łyżeczki białego pieprzu
- 1 ½ łyżeczki octu winnego ryżowego
- ½ szklanki grubej soli morskiej

INSTRUKCJE:

a) Opłucz brzuch wieprzowy i osusz. Połóż je skórą do dołu na tacy i wetrzyj wino shaoxing w mięso (nie w skórę). Wymieszaj sól, cukier,

b) proszek pięciu przypraw i biały pieprz. Dokładnie wetrzyj tę mieszankę przypraw również w mięso. Odwróć mięso tak, aby było skórą do góry.

c) Aby wykonać następny krok, restauracje używają specjalnego narzędzia, ale my użyliśmy tylko ostrego metalowego szpikulca. Systematycznie nakłuwaj dziurki w całej skórze, co sprawi, że skóra się odświeży, a nie pozostanie gładka i skórzasta. Im więcej dziur, tym lepiej. Upewnij się także, że sięgają one wystarczająco głęboko. Zatrzymaj się tuż nad warstwą tłuszczu pod spodem.

d) Pozostaw brzuch wieprzowy do wyschnięcia w lodówce bez przykrycia na 12-24 godziny.

e) Rozgrzej piekarnik do 375 stopni F. Umieść duży kawałek folii aluminiowej (najlepiej wytrzymała folia) na blasze do pieczenia i złóż dokładnie boki wokół wieprzowiny, tak aby utworzyć wokół niej coś w rodzaju pudełka, z obramowaniem o wysokości 1 cala biegnącym po bokach.

f) Posmaruj skórę wieprzową octem winno-ryżowym. Umieść sól morską w jednej, równej warstwie na skórze, tak aby wieprzowina była całkowicie przykryta. Wstawić do piekarnika i piec 1 godzinę i 30 minut. Jeśli na brzuchu wieprzowym nadal znajdują się żeberka, piecz przez 1 godzinę i 45 minut.

g) Wyjmij wieprzowinę z piekarnika, włącz grill na najniższym poziomie i ustaw ruszt piekarnika w najniższym położeniu. Usuń wierzchnią warstwę soli morskiej z boczku wieprzowego, rozłóż folię i umieść ruszt na patelni.
h) Połóż boczek wieprzowy na ruszcie i włóż go z powrotem pod brojler, aby się zarumienił. Powinno to zająć 10-15 minut. Idealnie, brojler powinien znajdować się na „niskim poziomie", aby proces ten mógł zachodzić stopniowo. Jeśli twój brojler jest bardzo gorący, uważnie go obserwuj i trzymaj wieprzowinę jak najdalej od źródła ciepła.
i) Gdy skórka nabrzmiewa i robi się chrupiąca, wyjąć z piekarnika. Pozwól mu odpocząć przez około 15 minut. Pokrój i podawaj!

BIAŁE MIĘSO

32.Kremowa zupa czosnkowa z kurczakiem

SKŁADNIKI:
- 4 łyżki masła
- 8 uncji serka śmietankowego, pokrojonego w kostkę
- 2 puszki (14,5 uncji każda) bulionu z kurczaka
- Sól i pieprz do smaku
- 4 szklanki ugotowanego, rozdrobnionego kurczaka
- 4 łyżki przyprawy czosnkowej lub 1 łyżeczka czosnku w proszku
- ½ szklanki gęstej śmietanki

INSTRUKCJE:
a) Postaw garnek z zupą na średnim ogniu i rozpuść w nim odrobinę masła.
b) Gdy masło się rozpuści, włóż kurczaka i smaż przez kilka minut.
c) Wymieszaj serek śmietankowy i przyprawy. Dobrze wymieszaj.
d) Wlać bulion i śmietanę, wymieszać.
e) Gdy się zagotuje, zmniejsz ogień i gotuj przez około 5 do 6 minut. Wlać do misek zupy i podawać.

33.Skrzydełka kurczaka

SKŁADNIKI:

- 2 funty skrzydełek z kurczaka
- ¼ szklanki świeżo startego parmezanu
- ¼ łyżeczki pieprzu
- ½ łyżeczki soli
- ½ łyżki posiekanej świeżej pietruszki lub ½ łyżeczki suszonej pietruszki
- 2-3 łyżki masła pochodzącego od zwierząt karmionych trawą

INSTRUKCJE:

a) Przygotuj blachę do pieczenia, wykładając ją papierem pergaminowym. Rozgrzej piekarnik do 350° F.
b) Dodaj masło do płytkiej miski, którą można używać w kuchence mikrofalowej. Gotuj na wysokim ogniu przez 15–20 sekund lub do momentu, aż masło się roztopi.
c) Do miski włóż sól, pieprz, natkę pietruszki i parmezan i dobrze wymieszaj.
d) Zanurzaj skrzydełka kurczaka w maśle, pojedynczo. Obtocz skrzydełka w mieszance parmezanu i połóż na blasze do pieczenia.
e) Piecz skrzydełka przez około 40 - 60 minut lub do momentu, aż będą gotowe. Studzimy przez 5 minut i podajemy.

34. Proste piersi z kurczaka smażone na patelni

SKŁADNIKI:
- 8 połówek piersi z kurczaka
- ½ łyżeczki pieprzu lub do smaku
- 4 łyżeczki startego parmezanu (opcjonalnie)
- ½ łyżeczki soli koszernej lub do smaku
- ½ łyżki oliwy z oliwek

INSTRUKCJE:
a) Aby przygotować kurczaka: Połóż arkusz folii na blacie i dodaj kurczaka. Przykryj innym arkuszem folii i ubijaj tłuczkiem do mięsa, aż kurczak będzie równomiernie spłaszczony.
b) Kurczaka doprawiamy solą i pieprzem. Pozwól mu odpocząć przez 15-20 minut.
c) Postaw żeliwną patelnię na dużym ogniu – umieść na niej kurczaka. Gotuj bez przykrycia przez 2-3 minuty, aż uzyska złoty kolor i uwolni się tłuszcz. Obróć strony i smaż przez kolejne 2-3 minuty. Zdejmij patelnię z ognia.
d) Jeśli używasz, posyp na wierzch parmezanem. Ustaw piekarnik na grillowanie i rozgrzej go.
e) Włóż patelnię do piekarnika i piecz, aż ser się roztopi. Podawać na gorąco.

35.Chrupiące Udka Z Kurczaka

SKŁADNIKI:

- 6 udek z kurczaka ze skórą
- 1 łyżka soli
- 2 łyżki oleju z awokado lub oliwy z oliwek
- Świeżo mielony pieprz do smaku
- Sól koszerna do smaku
- Czosnek w proszku do smaku
- Papryka do smaku

INSTRUKCJE:

a) Przygotuj blachę do pieczenia, wykładając ją papierem pergaminowym. Upewnij się, że piekarnik jest nagrzany do temperatury 450°F.
b) Udka z kurczaka doprawiamy solą, pieprzem i preferowanymi przyprawami. Ułóż go na blasze do pieczenia, w jednej warstwie, bez nakładania się.
c) Skropić olejem kurczaka.
d) Piecz kurczaka przez około 40 minut lub do momentu, aż skórka będzie chrupiąca.

36.Nuggetsy z kurczaka dla mięsożerców

SKŁADNIKI:
KURCZAK
- 1 ½ funta mielonego kurczaka
- ¼ łyżeczki różowej soli lub więcej do smaku
- 1 małe jajko
- ¼ łyżeczki suszonego oregano
- 1 łyżeczka papryki
- ¼ łyżeczki pieprzu
- ¼ łyżeczki czosnku w proszku
- ¼ łyżeczki płatków czerwonej papryki

PANERKA
- ½ szklanki startego parmezanu
- ½ szklanki mielonych skórek wieprzowych

INSTRUKCJE:
a) Przygotuj blachę do pieczenia, wykładając ją arkuszem papieru pergaminowego.
b) Upewnij się, że piekarnik jest nagrzany do temperatury 400° F.
c) Do miski dodać ser i skórki wieprzowe i dobrze wymieszać.
d) W misce roztrzep jajko, wymieszaj kurczaka, sól i wszystkie przyprawy.
e) Podziel masę na 30 równych porcji i uformuj je w kształcie nuggetsów.
f) Obtocz nuggetsy w mieszance skórki i połóż na blasze do pieczenia.
g) Piecz nuggetsy w piekarniku przez około 20 do 25 minut lub do momentu, aż staną się chrupiące i złocistobrązowe.

37.Klopsiki z wędzonym bekonem

SKŁADNIKI:
- 1 pierś z kurczaka lub ½ funta mielonego kurczaka
- 1 małe jajko
- ½ łyżki proszku cebulowego
- 2 łyżki oliwy z oliwek lub oleju z awokado
- 4 plastry boczku, ugotowane, posiekane
- 1 ząbek czosnku, obrany
- 1 kropla płynnego dymu
- Sól dla smaku

INSTRUKCJE:
a) Dodaj kurczaka, jajko, cebulę w proszku, bekon i czosnek do miski robota kuchennego i dobrze wymieszaj.
b) Podziel masę na małe porcje i uformuj z niej klopsiki. Połóż je na talerzu.
c) Postaw patelnię na średnim ogniu. Dodaj olej i pozwól mu się rozgrzać. Dodaj kilka klopsików i smaż, aż wszystkie się zrumienią, od czasu do czasu obracając klopsiki.
d) Wyjmij i połóż na ręczniku papierowym.
e) Pozostałe klopsiki smaż partiami. Posyp solą z wierzchu i podawaj na gorąco.

38. Smażony kurczak z bekonem

SKŁADNIKI:
- 2 piersi z kurczaka, pokrojone w kostkę
- 2 łyżki czosnku w proszku
- Sól dla smaku
- 2 plasterki boczku, pokrojone w kostkę
- 1 łyżka przyprawy włoskiej
- ½ łyżki oleju z awokado

INSTRUKCJE:
a) Postaw dużą patelnię na średnim ogniu. Dodać boczek i kurczaka i dokładnie smażyć.
b) Dodać czosnek w proszku, sól i przyprawę włoską i podawać.

39.Klopsiki Pepperoni

SKŁADNIKI:
- 2 funty mielonego kurczaka
- 1 łyżeczka soli lub do smaku
- 2 jajka, ubite
- 1 łyżeczka pieprzu lub do smaku
- Pół funta plasterków pepperoni, posiekanych
- Ostry sos do smaku (opcjonalnie)

INSTRUKCJE:
a) W misce połącz kurczaka, sól, jajka, pieprz i pepperoni.
b) Przygotuj blachę do pieczenia, wykładając ją papierem pergaminowym i rozgrzej piekarnik do 350° F.
c) Z powstałej mieszanki uformuj 16 kulek i połóż je na blasze do pieczenia.
d) Piecz klopsiki przez około 20-30 minut lub do momentu, aż będą rumiane i ugotowane. Podczas pieczenia obróć kulki dwukrotnie, aby dobrze się usmażyły. Możesz też ugotować kulki na patelni.

40.Udka z kurczaka w panierce z parmezanem

SKŁADNIKI:
- 4 udka z kurczaka
- ½ szklanki świeżo startego parmezanu
- ¼ łyżeczki suszonego tymianku
- ¼ łyżeczki soli lub do smaku
- ½ łyżeczki czosnku w proszku
- 2 łyżki masła, roztopionego
- ½ łyżki posiekanej natki pietruszki
- ½ łyżeczki papryki
- ¼ łyżeczki pieprzu

INSTRUKCJE:
a) Przygotuj naczynie do pieczenia, smarując je masłem – rozgrzej piekarnik do 400° F.
b) Do płytkiej miski wlać roztopione masło.
c) W misce umieść sól, przyprawy, zioła i parmezan. Dobrze wymieszaj.
d) Najpierw zanurz udko kurczaka w misce z masłem. Wyjmij udka z kurczaka i pozwól, aby nadmiar masła spłynął. Następnie obtocz je w mieszance parmezanu i umieść w naczyniu do pieczenia.
e) Powtórz poprzedni krok i posmaruj pozostałe udka kurczaka.
f) Piec około 35 - 50 minut, w zależności od wielkości udek. Podawać na gorąco.

41. Kurczak w maśle czosnkowym

SKŁADNIKI:

- 4 średnie piersi z kurczaka, przekrojone poziomo na 2 połówki
- 2 łyżeczki przyprawy włoskiej
- Zmielone płatki papryczki chili do smaku
- 8 ząbków czosnku, obranych i posiekanych
- 2 łyżki oliwy z oliwek
- Sól dla smaku
- 4 łyżki masła
- pieprz do smaku
- ¼ szklanki posiekanych liści kolendry lub pietruszki

INSTRUKCJE:

a) W misce wymieszaj włoską przyprawę, pokruszoną czerwoną paprykę, sól i pieprz.
b) Posyp tę mieszaniną całe kawałki kurczaka.
c) Postaw dużą patelnię na średnio-wysokim ogniu. Dodaj olej i poczekaj kilka minut, aż olej się rozgrzeje.
d) Umieść kawałki kurczaka na patelni i smaż przez 3–4 minuty, spód powinien być złotobrązowy. Odwróć kawałki kurczaka i smaż przez 3–4 minuty.
e) Zdejmij kurczaka z patelni i połóż go na talerzu.
f) Obniż temperaturę do średnio-niskiej. Dodaj masło, czosnek, natkę pietruszki i więcej pokruszonych płatków czerwonej papryki i dobrze wymieszaj.
g) Dodaj kurczaka po około 20 – 30 sekundach. Połóż kurczaka na sosie maślanym i smaż przez kilka minut, aż czosnek zmieni kolor na jasnozłoty. Podawać na gorąco.

42. Ukąszenia kurczaka zawijane w bekonie czosnkowym

SKŁADNIKI:

- ½ dużej piersi z kurczaka, pokrojonej na kawałki wielkości kęsa
- 1 ½ łyżki czosnku w proszku
- 4 – 5 plasterków boczku, przekrojonych na trzy części

INSTRUKCJE:

a) Przygotuj blachę do pieczenia, wykładając ją folią.
b) Upewnij się, że piekarnik jest nagrzany do temperatury 400° F.
c) Na talerzu rozłóż proszek czosnkowy.
d) Obtocz kawałki kurczaka w proszku czosnkowym, pojedynczo i zawiń w kawałek boczku.
e) Połóż go na blasze do pieczenia. Pozostaw przerwę pomiędzy ugryzieniami.
f) Włóż blachę do pieczenia do piekarnika i piecz, aż boczek będzie chrupiący, około 25 - 30 minut. W połowie pieczenia obróć kęsy.

43.Szaszłyki z kurczaka(kebab)

SKŁADNIKI:

- ½ łyżki posiekanego czosnku
- ¼ łyżeczki świeżo zmielonego pieprzu
- ½ łyżki oliwy z oliwek z pierwszego tłoczenia
- ¾ funta piersi z kurczaka bez kości i skóry, pokrojonej na 1-calowe kawałki
- Sok z ½ limonki
- ¼ łyżeczki drobnej soli himalajskiej
- 1 łyżeczka posiekanego świeżego oregano lub ½ łyżeczki suszonego oregano

INSTRUKCJE:

a) Przygotowanie marynaty: Do miski dodać czosnek, oregano, sól, pieprz, sok z limonki i oliwę i dobrze wymieszać.
b) Weź szklany pojemnik z pokrywką i włóż do niego kurczaka. Marynatą polej kurczaka i dobrze wymieszaj.
c) Przykryj pokrywkę miski i wstaw do lodówki na 2 - 8 godzin.
d) Teraz wyjmij miskę z lodówki i namocuj kurczaka na szaszłyki. Nie zostawiaj dużej szczeliny pomiędzy kawałkami kurczaka. Trzymajcie się blisko siebie.
e) Rozłóż grill i rozgrzej go do średniej temperatury, około 330° F. Ustaw go do bezpośredniego gotowania.
f) W razie potrzeby nasmaruj ruszt grilla. Połóż szaszłyki na grillu i grilluj, aż będą dobrze ugotowane.
g) Podawaj od razu.

44. Gofry dla mięsożerców

SKŁADNIKI:
- 4 uncje mielonego kurczaka lub mielonego indyka
- 5 jaj
- 2 łyżki suchego parmezanu
- 4 uncje mielonej wołowiny

INSTRUKCJE:
a) Umieść wołowinę i kurczaka w rondlu i dodaj około 1 - 1-½ szklanki wody.
b) Postaw garnek na średnim ogniu i zagotuj. Zmniejsz nieco ogień i gotuj przez 5-7 minut. Mięso przełożyć na durszlak. Pozostawić do ostygnięcia na 10 minut.
c) Lekko schłodzone mięso przełożyć do miski robota kuchennego. Dodaj także jajka i parmezan. Przetwarzaj, aż będzie naprawdę gładka.
d) Rozgrzej gofrownicę. Natłuścić i rozsmarować ¼ mieszanki na żelazku. Gotuj gofry tak jak zwykle przez 5-7 minut lub do momentu ugotowania.
e) Wyjmij gofry i połóż na talerzu. Studzimy kilka minut i podajemy. Powtórz kroki i uformuj kolejne gofry.

45. Frytki dla mięsożerców

SKŁADNIKI:
- 8 uncji gotowanego drobiu
- 2 jajka
- Skórki wieprzowe o masie 0,7 uncji
- ½ łyżeczki soli

INSTRUKCJE:
a) Przygotuj naczynie do pieczenia, wykładając je papierem pergaminowym. Użyj dużego naczynia do pieczenia lub 2 mniejszych.
b) Do miski robota kuchennego dodaj mięso, jajka, sól i skórki wieprzowe. Przetwarzaj, aż dobrze się połączą i będą bardzo lekko masywne.
c) Włóż mieszaninę do plastikowej torby. Odetnij róg nożyczkami.
d) Wyciśnij mieszaninę i wyłóż ją na przygotowane naczynie do pieczenia o preferowanej wielkości. Pozostaw wystarczające odstępy pomiędzy frytkami. Teraz lekko spłaszcz każdy z frytek lub do pożądanej grubości. Piecz frytki przez około 20 minut.
e) Ustaw piekarnik na tryb grillowania. Smaż przez kilka minut lub zarumienij na wierzchu.
f) Podzielić na 2 talerze i podawać.

46. Grillowane udka z kurczaka z marynatą czosnkową

SKŁADNIKI:

- 4 udka z kurczaka
- 5 – 6 obranych ząbków czosnku
- ½ łyżki soli morskiej
- ¾ szklanki oliwy z oliwek
- Sok z ½ cytryny
- ¼ łyżeczki pieprzu

INSTRUKCJE:

a) W blenderze wymieszaj oliwę, sok z cytryny, czosnek i przyprawy.
b) Posmaruj kurczaka tą mieszanką i dobrze wetrzyj.
c) Dodaj kurczaka i dobrze wymieszaj. Przechowywać w lodówce przez 2–8 godzin.
d) Grilluj kurczaka na rozgrzanym grillu przez 6–8 minut z każdej strony.

47.Kurczak kung Pao

SKŁADNIKI:

- 3 łyżeczki jasnego sosu sojowego
- 2 ½ łyżeczki skrobi kukurydzianej
- 2 łyżeczki chińskiego czarnego octu
- 1 łyżeczka wina ryżowego Shaoxing
- 1 łyżeczka oleju sezamowego
- ¾ funta udek z kurczaka bez kości, bez skóry, pokrojonych w 1-calowe kawałki
- 2 łyżki oleju roślinnego
- 6 do 8 całych suszonych czerwonych chilli
- 3 szalotki, oddzielone białe i zielone części, pokrojone w cienkie plasterki
- 2 ząbki czosnku, posiekane
- 1 łyżeczka obranego, posiekanego świeżego imbiru
- ¼ szklanki niesolonych, suszonych, prażonych orzeszków ziemnych

INSTRUKCJE:

a) W średniej misce wymieszaj jasną soję, skrobię kukurydzianą, czarny ocet, wino ryżowe i olej sezamowy, aż skrobia kukurydziana się rozpuści. Dodać kurczaka i delikatnie wymieszać, żeby się nim pokrył. Marynuj przez 10 do 15 minut lub tyle czasu, aby przygotować resztę składników.

b) Rozgrzej wok na średnim ogniu, aż kropla wody zacznie skwierczeć i odparuje przy kontakcie. Wlej olej roślinny i obracaj, aby pokryć dno woka.

c) Dodaj chilli i smaż, mieszając, przez około 10 sekund lub do momentu, aż zaczną czernieć, a olej zacznie lekko pachnieć.

d) Dodaj kurczaka, zachowując marynatę i smaż przez 3 do 4 minut, aż przestanie być różowy.

e) Wrzuć białka cebuli, czosnek i imbir i smaż mieszając przez około 30 sekund. Wlać marynatę i wymieszać tak, aby pokryła kurczaka. Wrzuć orzeszki ziemne i gotuj przez kolejne 2 do 3 minut, aż sos stanie się błyszczący.

f) Przełóż na talerz, udekoruj zieloną cebulą i podawaj na gorąco.

48.Kurczak Brokułowy

SKŁADNIKI:

- 1 łyżka wina ryżowego Shaoxing
- 2 łyżeczki jasnego sosu sojowego
- 1 łyżeczka mielonego czosnku
- 1 łyżeczka skrobi kukurydzianej
- ¼ łyżeczki cukru
- ¾ funta udek z kurczaka bez kości i skóry, pokrojonych w 2-calowe kawałki
- 2 łyżki oleju roślinnego
- 4 obrane plasterki świeżego imbiru, wielkości około ćwiartki
- Sól koszerna
- 1-funtowe brokuły, pokrojone na różyczki wielkości kęsa
- 2 łyżki wody
- Płatki czerwonej papryki (opcjonalnie)
- ¼ szklanki sosu z czarnej fasoli lub kupnego w sklepie sosu z czarnej fasoli

INSTRUKCJE:

a) W małej misce wymieszaj wino ryżowe, jasną soję, czosnek, skrobię kukurydzianą i cukier. Dodać kurczaka i marynować przez 10 minut.

b) Rozgrzej wok na średnim ogniu, aż kropla wody zacznie skwierczeć i odparuje przy kontakcie. Wlej olej roślinny i obracaj, aby pokryć dno woka. Dodaj imbir i szczyptę soli. Pozwól imbirowi skwierczeć przez około 30 sekund, delikatnie mieszając.

c) Przełóż kurczaka do woka, wylewając marynatę. Smaż kurczaka, mieszając, przez 4 do 5 minut, aż przestanie być różowy. Dodać brokuły, wodę i szczyptę płatków czerwonej papryki (jeśli używasz) i smażyć mieszając przez 1 minutę. Przykryj wok i gotuj brokuły na parze przez 6 do 8 minut, aż będą chrupiące i miękkie.

d) Mieszaj sos z czarnej fasoli, aż pokryje się i podgrzeje, około 2 minut lub do momentu, gdy sos lekko zgęstnieje i stanie się błyszczący.

e) Wyrzuć imbir, przełóż na talerz i podawaj na gorąco.

49. Kurczak ze skórką mandarynki

SKŁADNIKI:

- 3 duże białka jaj
- 2 łyżki skrobi kukurydzianej
- 1 ½ łyżki jasnego sosu sojowego, podzielone
- ¼ łyżeczki mielonego białego pieprzu
- ¾ funta udek z kurczaka bez kości i skóry, pokrojonych na kawałki wielkości kęsa
- 3 szklanki oleju roślinnego
- 4 obrane plasterki świeżego imbiru, każdy wielkości około ćwiartki
- 1 łyżeczka ziaren pieprzu syczuańskiego, lekko mielonych
- Sól koszerna
- ½ żółtej cebuli, pokrojonej w cienkie paski o szerokości ¼ cala
- Skórka z 1 mandarynki, pokrojona w paski o grubości ⅛ cala
- Sok z 2 mandarynek (około ½ szklanki)
- 2 łyżeczki oleju sezamowego
- ½ łyżeczki octu ryżowego
- Jasnobrązowy cukier
- 2 szalotki, pokrojone w cienkie plasterki, do dekoracji
- 1 łyżka nasion sezamu do dekoracji

INSTRUKCJE:
a) W misce, za pomocą widelca lub trzepaczki, ubijaj białka, aż się spienią, a gęste grudki utworzą pianę. Wymieszaj skrobię kukurydzianą, 2 łyżeczki jasnej soi i biały pieprz, aż dobrze się wymieszają. Włóż kurczaka i marynuj przez 10 minut.
b) Wlej olej do woka; olej powinien mieć głębokość około 1 do 1½ cala. Doprowadzić olej do 375°F na średnim ogniu. O właściwej temperaturze oleju można przekonać się, zanurzając w nim koniec drewnianej łyżki. Jeśli olej wokół niego zacznie bulgotać i skwiercze, oznacza to, że jest on gotowy.
c) Za pomocą łyżki cedzakowej lub skimmera do woka wyjmij kurczaka z marynaty i strząśnij jej nadmiar. Ostrożnie włóż do gorącego oleju. Smaż kurczaka partiami przez 3 do 4 minut lub do momentu, aż kurczak będzie złotobrązowy i chrupiący na powierzchni. Przełożyć na talerz wyłożony ręcznikiem papierowym.
d) Wylej z woka wszystko oprócz 1 łyżki oleju i postaw na średnio-wysokim ogniu. Wmieszać olej tak, aby pokrył spód woka. Dopraw oliwę dodając imbir, ziarna pieprzu i szczyptę soli. Pozwól, aby imbir i ziarna pieprzu skwierczały w oleju przez około 30 sekund, delikatnie mieszając.
e) Dodaj cebulę i smaż, mieszając i przewracając szpatułką z woka przez 2 do 3 minut lub do momentu, aż cebula stanie się miękka i półprzezroczysta. Dodaj skórkę mandarynki i smaż mieszając przez kolejną minutę lub do momentu, aż zacznie pachnieć.
f) Dodaj sok z mandarynek, olej sezamowy, ocet i szczyptę brązowego cukru. Doprowadź sos do wrzenia i gotuj na wolnym ogniu przez około 6 minut, aż zredukuje się o połowę. Powinno być syropowe i bardzo pikantne. Spróbować i w razie potrzeby dodać szczyptę soli.
g) Wyłącz ogień i dodaj smażonego kurczaka, mieszając, aby pokrył się sosem. Przenieś kurczaka na półmisek, wyrzuć imbir i udekoruj pokrojonymi w plasterki cebulką i ziarnami sezamu. Podawać na gorąco.

50. Kurczak z nerkowca

SKŁADNIKI:

- 1 łyżka jasnego sosu sojowego
- 2 łyżeczki wina ryżowego Shaoxing
- 2 łyżeczki skrobi kukurydzianej
- 1 łyżeczka oleju sezamowego
- ½ łyżeczki mielonych ziaren pieprzu syczuańskiego
- ¾ funta udek z kurczaka bez kości i skóry, pokrojonych w 1-calowe kostki
- 2 łyżki oleju roślinnego
- ½-calowy kawałek obranego drobno posiekanego świeżego imbiru
- Sól koszerna
- ½ czerwonej papryki, pokrojonej na ½-calowe kawałki
- 1 mała cukinia, pokrojona na ½-calowe kawałki
- 2 ząbki czosnku, posiekane
- ½ szklanki niesolonych, suszonych, prażonych orzechów nerkowca
- 2 szalotki, oddzielone białe i zielone części, pokrojone w cienkie plasterki

INSTRUKCJE:

a) W średniej misce wymieszaj jasną soję, wino ryżowe, skrobię kukurydzianą, olej sezamowy i pieprz syczuański. Dodać kurczaka i delikatnie wymieszać, żeby się nim pokrył. Pozostawić do marynowania na 15 minut lub na tyle czasu, aby przygotować resztę składników.

b) Rozgrzej wok na średnim ogniu, aż kropla wody zacznie skwierczeć i odparuje przy kontakcie. Wlej olej roślinny i obracaj, aby pokryć dno woka. Dopraw oliwę dodając imbir i szczyptę soli. Pozwól imbirowi skwierczeć w oleju przez około 30 sekund, delikatnie mieszając.

c) Za pomocą szczypiec wyjmij kurczaka z marynaty i przenieś go do woka, zachowując marynatę. Smaż kurczaka, mieszając, przez 4 do 5 minut, aż przestanie być różowy. Dodaj czerwoną paprykę, cukinię i czosnek i smaż mieszając przez 2 do 3 minut lub do momentu, aż warzywa będą miękkie.

d) Wlać marynatę i wymieszać tak, aby pokryła pozostałe składniki. Doprowadzić marynatę do wrzenia i dalej smażyć, mieszając, przez 1 do 2 minut, aż sos stanie się gęsty i błyszczący. Wmieszaj orzechy nerkowca i gotuj przez kolejną minutę.

e) Przełóż na talerz, udekoruj cebulą i podawaj na gorąco.

51. Kurczak i Warzywa Z Sosem Z Czarnej Fasoli

SKŁADNIKI:
- 1 łyżka jasnego sosu sojowego
- 1 łyżeczka oleju sezamowego
- 1 łyżeczka skrobi kukurydzianej
- ¾ funta udek z kurczaka bez kości i skóry, pokrojonych na kawałki wielkości kęsa
- 3 łyżki oleju roślinnego, podzielone
- 1 obrany plaster świeżego imbiru, wielkości około ćwiartki
- Sól koszerna
- 1 mała żółta cebula, pokrojona w drobną kostkę
- ½ czerwonej papryki, pokrojonej na kawałki wielkości kęsa
- ½ żółtej lub zielonej papryki, pokrojonej na kawałki wielkości kęsa
- 3 ząbki czosnku, posiekane
- ⅓ szklanki sosu z czarnej fasoli lub kupionego w sklepie sosu z czarnej fasoli

INSTRUKCJE:

a) W dużej misce wymieszaj lekką soję, olej sezamowy i skrobię kukurydzianą, aż skrobia kukurydziana się rozpuści. Dodaj kurczaka i wymieszaj, aby pokrył się marynatą. Odstaw kurczaka do marynowania na 10 minut.
b) Rozgrzej wok na średnim ogniu, aż kropla wody zacznie skwierczeć i odparuje przy kontakcie. Wlej 2 łyżki oleju roślinnego i zamieszaj, aby pokryć dno woka. Dopraw oliwę dodając imbir i szczyptę soli. Pozwól imbirowi skwierczeć w oleju przez około 30 sekund, delikatnie mieszając.
c) Przełóż kurczaka do woka i wylej marynatę. Kawałki smażymy w woku przez 2–3 minuty. Obróć i smaż po drugiej stronie przez kolejne 1–2 minuty. Smażyć, mieszając i obracając szybko w woku, przez kolejną minutę. Przełożyć do czystej miski.
d) Dodaj pozostałą 1 łyżkę oleju i wrzuć cebulę i paprykę. Szybko smaż przez 2 do 3 minut, podrzucając i przewracając warzywa szpatułką do woka, aż cebula będzie przezroczysta, ale nadal będzie miała twardą konsystencję. Dodaj czosnek i smaż mieszając przez kolejne 30 sekund.
e) Włóż kurczaka z powrotem do woka i dodaj sos z czarnej fasoli. Mieszaj i obracaj, aż kurczak i warzywa zostaną pokryte.
f) Przełożyć na talerz, wyrzucić imbir i podawać na gorąco.

52.Kurczak z Zielonej Fasoli

SKŁADNIKI:
- ¾ funta udek z kurczaka bez kości i skóry, pokrojonych w poprzek włókien w paski wielkości kęsa
- 3 łyżki wina ryżowego Shaoxing, podzielone
- 2 łyżeczki skrobi kukurydzianej
- Sól koszerna
- płatki czerwonej papryki
- 3 łyżki oleju roślinnego, podzielone
- 4 obrane plasterki świeżego imbiru, każdy wielkości około ćwiartki
- ¾ funta zielonej fasolki, przyciętej i przekrojonej na pół po przekątnej
- 2 łyżki jasnego sosu sojowego
- 1 łyżka sezonowanego octu ryżowego
- ¼ szklanki posiekanych migdałów, uprażonych
- 2 łyżeczki oleju sezamowego

INSTRUKCJE:

a) W misce wymieszaj kurczaka z 1 łyżką wina ryżowego, skrobią kukurydzianą, małą szczyptą soli i szczyptą płatków czerwonej papryki. Mieszaj, aby równomiernie pokryć kurczaka. Marynuj przez 10 minut.

b) Rozgrzej wok na średnim ogniu, aż kropla wody zacznie skwierczeć i odparuje przy kontakcie. Wlej 2 łyżki oleju roślinnego i zamieszaj, aby pokryć dno woka. Dopraw oliwę dodając imbir i małą szczyptę soli. Pozwól imbirowi skwierczeć w oleju przez około 30 sekund, delikatnie mieszając.

c) Dodaj kurczaka i marynatę do woka i smaż, mieszając, przez 3 do 4 minut lub do momentu, aż kurczak będzie lekko przypieczony i nie będzie już różowy. Przełożyć do czystej miski i odstawić.

d) Dodaj pozostałą 1 łyżkę oleju roślinnego i smaż zieloną fasolkę przez 2 do 3 minut lub do momentu, aż zmieni kolor na jasnozielony. Włóż kurczaka z powrotem do woka i wymieszaj. Dodaj pozostałe 2 łyżki wina ryżowego, jasnej soi i octu. Wymieszaj, posmaruj i pozwól zielonej fasolce gotować się na wolnym ogniu przez kolejne 3 minuty lub do momentu, aż fasolka szparagowa będzie miękka. Wyjmij imbir i wyrzuć.

e) Wsypać migdały i przełożyć na talerz. Skropić olejem sezamowym i podawać na gorąco.

53.Kurczak w Sosie Sezamowym

SKŁADNIKI:
- 3 duże białka jaj
- 3 łyżki skrobi kukurydzianej, podzielone
- 1 ½ łyżki jasnego sosu sojowego, podzielone
- 1 funt udek z kurczaka bez kości i skóry, pokrojonych na kawałki wielkości kęsa
- 3 szklanki oleju roślinnego
- 3 obrane plasterki świeżego imbiru, każdy wielkości około ćwiartki
- Sól koszerna
- płatki czerwonej papryki
- 3 ząbki czosnku, grubo posiekane
- ¼ szklanki bulionu z kurczaka o niskiej zawartości sodu
- 2 łyżki oleju sezamowego
- 2 szalotki, pokrojone w cienkie plasterki, do dekoracji
- 1 łyżka nasion sezamu do dekoracji

INSTRUKCJE:
a) W misce, używając widelca lub trzepaczki, ubijaj białka, aż się spienią, a ciaśniejsze grudki białka jaj staną się spienione. Wymieszaj 2 łyżki skrobi kukurydzianej i 2 łyżeczki jasnej soi, aż dobrze się wymieszają. Włóż kurczaka i marynuj przez 10 minut.
b) Wlej olej do woka; olej powinien mieć głębokość około 1 do 1½ cala. Doprowadzić olej do 375°F na średnim ogniu. O właściwej temperaturze oleju można przekonać się, zanurzając w nim koniec drewnianej łyżki. Jeśli olej wokół niego zacznie bulgotać i skwiercze, oznacza to, że jest on gotowy.
c) Za pomocą łyżki cedzakowej lub skimmera do woka wyjmij kurczaka z marynaty i strząśnij jej nadmiar. Ostrożnie włóż do gorącego oleju. Smaż kurczaka partiami przez 3 do 4 minut lub do momentu, aż kurczak będzie złotobrązowy i chrupiący na powierzchni. Przełożyć na talerz wyłożony ręcznikiem papierowym.
d) Wylej z woka wszystko oprócz 1 łyżki oleju i postaw na średnio-wysokim ogniu. Wmieszać olej tak, aby pokrył spód woka. Dopraw oliwę dodając imbir, szczyptę soli i płatki czerwonej papryki. Pozwól, aby płatki imbiru i pieprzu skwierczały w oleju przez około 30 sekund, delikatnie mieszając.
e) Dodaj czosnek i smaż, mieszając i obracając szpatułką wok przez 30 sekund. Dodaj bulion z kurczaka, pozostałe 2½ łyżeczki jasnej soi i pozostałą 1 łyżkę skrobi kukurydzianej. Gotuj na wolnym ogniu przez 4 do 5 minut, aż sos zgęstnieje i stanie się błyszczący. Dodać olej sezamowy i wymieszać do połączenia.
f) Wyłącz ogień i dodaj smażonego kurczaka, mieszając, aby pokrył się sosem. Wyjmij imbir i wyrzuć. Przełożyć na talerz i udekorować pokrojonymi w plasterki cebulą i ziarnami sezamu.

54. Słodko-kwaśny kurczak

SKŁADNIKI:

- 2 łyżeczki skrobi kukurydzianej
- 2 łyżki wody
- 3 łyżki oleju roślinnego, podzielone
- 4 obrane plasterki świeżego imbiru, każdy wielkości około ćwiartki
- Sól koszerna
- ¾ funta udek z kurczaka bez kości i skóry, pokrojonych na kawałki wielkości kęsa
- ½ czerwonej papryki, pokrojonej na ½-calowe kawałki
- ½ zielonej papryki, pokrojonej na ½-calowe kawałki
- ½ żółtej cebuli, pokrojonej na ½-calowe kawałki
- 1 (8 uncji) puszka kawałków ananasa, odsączonych, soki zachowane
- 1 (4 uncje) puszka pokrojonych w plasterki kasztanów wodnych, odsączonych
- ¼ szklanki bulionu z kurczaka o niskiej zawartości sodu
- 2 łyżki jasnego brązowego cukru
- 2 łyżki octu jabłkowego
- 2 łyżki ketchupu
- 1 łyżeczka sosu Worcestershire
- 3 szalotki, pokrojone w cienkie plasterki, do dekoracji

INSTRUKCJE:
a) W małej misce wymieszaj skrobię kukurydzianą z wodą i odłóż na bok.
b) Rozgrzej wok na średnim ogniu, aż kropla wody zacznie skwierczeć i odparuje przy kontakcie. Wlej 2 łyżki oleju i obracaj, aby pokryć dno woka. Dopraw oliwę dodając imbir i szczyptę soli. Pozwól imbirowi skwierczeć w oleju przez około 30 sekund, delikatnie mieszając.
c) Dodaj kurczaka i smaż na woku przez 2–3 minuty. Odwróć i wrzuć kurczaka, mieszając, smaż jeszcze przez około 1 minutę lub do momentu, aż przestanie być różowy. Przełożyć do miski i odstawić.
d) Dodaj pozostałą 1 łyżkę oleju i zamieszaj, aż się pokryje. Smażyć czerwoną i zieloną paprykę oraz cebulę przez 3 do 4 minut, aż będą miękkie i półprzezroczyste. Dodaj ananasa i kasztany wodne i smaż dalej przez kolejną minutę, mieszając. Dodaj warzywa do kurczaka i odłóż na bok.
e) Do woka wlej zarezerwowany sok ananasowy, bulion z kurczaka, brązowy cukier, ocet, ketchup i sos Worcestershire i zagotuj. Utrzymuj ogień na średnim poziomie i gotuj przez około 4 minuty, aż płyn zredukuje się o połowę.
f) Włóż kurczaka i warzywa do woka i wymieszaj, aby połączyć je z sosem. Szybko wymieszaj mieszaninę skrobi kukurydzianej i wody i dodaj do woka. Mieszaj i obracaj wszystko, aż skrobia kukurydziana zacznie gęstnieć, a sos stanie się błyszczący.
g) Wyrzuć imbir, przełóż na talerz, udekoruj szalotkami i podawaj na gorąco.

55.Moo Goo Gai Pan

SKŁADNIKI:

- 1 łyżka jasnego sosu sojowego
- 1 łyżka wina ryżowego Shaoxing
- 2 łyżeczki oleju sezamowego
- ¾ funta piersi z kurczaka bez kości i skóry, pokrojonych w cienkie paski
- ½ szklanki bulionu z kurczaka o niskiej zawartości sodu
- 2 łyżki sosu ostrygowego
- 1 łyżeczka cukru
- 1 łyżka skrobi kukurydzianej
- 3 łyżki oleju roślinnego, podzielone
- 4 obrane plasterki świeżego imbiru, każdy wielkości około ćwiartki
- Sól koszerna
- 4 uncje świeżych pieczarek, pokrojonych w cienkie plasterki
- 1 (4 uncje) puszka pokrojonych w plasterki pędów bambusa, odsączonych
- 1 (4 uncje) puszka pokrojonych w plasterki kasztanów wodnych, odsączonych
- 1 ząbek czosnku, drobno posiekany

INSTRUKCJE:

a) W dużej misce wymieszaj jasną soję, wino ryżowe i olej sezamowy, aż uzyskasz gładką masę. Dodać kurczaka i wymieszać, żeby się nim pokrył. Marynuj przez 15 minut.

b) W małej misce wymieszaj bulion z kurczaka, sos ostrygowy, cukier i skrobię kukurydzianą na gładką masę i odłóż na bok.

c) Rozgrzej wok na średnim ogniu, aż kropla wody zacznie skwierczeć i odparuje przy kontakcie. Wlej 2 łyżki oleju roślinnego i zamieszaj, aby pokryć dno woka. Dopraw oliwę dodając imbir i małą szczyptę soli. Pozwól imbirowi skwierczeć w oleju przez około 30 sekund, delikatnie mieszając.

d) Dodaj kurczaka i wylej marynatę. Smażyć przez 2 do 3 minut, aż kurczak przestanie być różowy. Przełożyć do czystej miski i odstawić.

e) Dodaj pozostałą 1 łyżkę oleju roślinnego. Smaż grzyby przez 3 do 4 minut, szybko mieszając i przewracając. Gdy tylko grzyby wyschną, przestań smażyć i pozwól grzybom usiąść na gorącym woku przez około minutę. Ponownie wymieszaj i odpocznij przez kolejną minutę.

f) Dodać pędy bambusa, kasztany wodne i czosnek. Smażyć przez 1 minutę lub do momentu, aż czosnek zacznie pachnieć. Włóż kurczaka z powrotem do woka i wymieszaj.

g) Sos mieszamy i dodajemy do woka. Smażyć i gotować, aż sos zacznie wrzeć, około 45 sekund. Mieszaj i przewracaj, aż sos zgęstnieje i stanie się błyszczący. Wyjmij imbir i wyrzuć. Przełożyć na talerz i podawać gorące.

56. Jajko Foo Yong

SKŁADNIKI:

- 5 dużych jaj w temperaturze pokojowej
- Sól koszerna
- Mielony biały pieprz
- ½ szklanki cienko pokrojonych kapeluszy grzybów shiitake
- ½ szklanki mrożonego groszku, rozmrożonego
- 2 szalotki, posiekane
- 2 łyżeczki oleju sezamowego
- ½ szklanki bulionu z kurczaka o niskiej zawartości sodu
- 1 ½ łyżki sosu ostrygowego
- 1 łyżka wina ryżowego Shaoxing
- ½ łyżeczki cukru
- 2 łyżki jasnego sosu sojowego
- 1 łyżka skrobi kukurydzianej
- 3 łyżki oleju roślinnego
- Ugotowany ryż, do podania

INSTRUKCJE:

a) W dużej misce roztrzep jajka ze szczyptą soli i białego pieprzu. Wymieszaj grzyby, groszek, szalotkę i olej sezamowy. Odłożyć na bok.

b) Przygotuj sos, gotując bulion z kurczaka, sos ostrygowy, wino ryżowe i cukier w małym rondlu na średnim ogniu. W małej szklanej miarce wymieszaj lekką skrobię sojową i kukurydzianą, aż skrobia kukurydziana całkowicie się rozpuści. Wlać mieszaninę skrobi kukurydzianej do sosu, ciągle mieszając, i gotować przez 3 do 4 minut, aż sos stanie się wystarczająco gęsty, aby pokryć tył łyżki. Przykryj i odłóż na bok.

c) Rozgrzej wok na średnim ogniu, aż kropla wody zacznie skwierczeć i odparuje przy kontakcie. Wlej olej roślinny i obracaj, aby pokryć dno woka. Dodaj mieszaninę jajek i smaż, mieszając i potrząsając wokiem, aż spód będzie złoty. Zsuń omlet z patelni na talerz i odwróć go nad wokiem lub przewróć szpatułką, aby smażyć drugą stronę na złoty kolor. Zsuń omlet na półmisek i podawaj z ugotowanym ryżem z łyżką sosu.

57. Smażenie jajek pomidorowych

SKŁADNIKI:

- 4 duże jajka w temperaturze pokojowej
- 1 łyżeczka wina ryżowego Shaoxing
- ½ łyżeczki oleju sezamowego
- ½ łyżeczki soli koszernej
- Świeżo zmielony czarny pieprz
- 3 łyżki oleju roślinnego, podzielone
- 2 obrane plasterki świeżego imbiru, każdy wielkości około ćwiartki
- 1-funtowe pomidory winogronowe lub wiśniowe
- 1 łyżeczka cukru
- Ugotowany ryż lub makaron do podania

INSTRUKCJE:

a) W dużej misce roztrzep jajka. Dodaj wino ryżowe, olej sezamowy, sól i szczyptę pieprzu i kontynuuj ubijanie, aż składniki się połączą.

b) Rozgrzej wok na średnim ogniu, aż kropla wody zacznie skwierczeć i odparuje przy kontakcie. Wlej 2 łyżki oleju roślinnego i zamieszaj, aby pokryć dno woka. Wlać masę jajeczną do gorącego woka. Zamieszaj i potrząśnij jajkami, aby je ugotować. Jajka przełóż na talerz, gdy są ugotowane, ale nie suche. Namiot z folią, aby się ogrzać.

c) Dodaj pozostałą 1 łyżkę oleju roślinnego do woka. Dopraw oliwę dodając imbir i szczyptę soli. Pozwól imbirowi skwierczeć w oleju przez około 30 sekund, delikatnie mieszając.

d) Dodajemy pomidory i cukier, mieszamy, żeby pokryły się oliwą. Przykryj i gotuj przez około 5 minut, od czasu do czasu mieszając, aż pomidory będą miękkie i puszczą sok. Wyrzucić plasterki imbiru, a pomidory doprawić solą i pieprzem.

e) Połóż pomidory na jajkach i podawaj z ugotowanym ryżem lub makaronem.

58. Krewetki i Jajecznica

SKŁADNIKI:
- 2 łyżki soli koszernej i więcej do przyprawienia
- 2 łyżki cukru
- 2 szklanki zimnej wody
- 6 uncji średnich krewetek (U41–50), obranych i oczyszczonych
- 4 duże jajka w temperaturze pokojowej
- ½ łyżeczki oleju sezamowego
- Świeżo zmielony czarny pieprz
- 2 łyżki oleju roślinnego, podzielone
- 2 obrane plasterki świeżego imbiru, każdy wielkości około ćwiartki
- 2 ząbki czosnku, pokrojone w cienkie plasterki
- 1 pęczek szczypiorku, pokrojonego na ½-calowe kawałki

INSTRUKCJE:

a) W dużej misce wymieszaj sól i cukier z wodą, aż się rozpuszczą. Dodaj krewetki do solanki. Przykryj i wstaw do lodówki na 10 minut.
b) Odcedź krewetki na durszlaku i opłucz. Wyrzucić solankę. Rozłóż krewetki na blasze do pieczenia wyłożonej ręcznikiem papierowym i osusz.
c) W innej dużej misce ubij jajka z olejem sezamowym i szczyptą soli i pieprzu, aż się połączą. Odłożyć na bok.
d) Rozgrzej wok na średnim ogniu, aż kropla wody zacznie skwierczeć i odparuje przy kontakcie. Wlać 1 łyżkę oleju roślinnego i zamieszać, aby pokryć dno woka. Dopraw oliwę dodając imbir i szczyptę soli. Pozwól imbirowi skwierczeć w oleju przez około 30 sekund, delikatnie mieszając.
e) Dodaj czosnek i smaż krótko, aby nadać olejowi aromat, około 10 sekund. Nie pozwól, aby czosnek zrumienił się lub przypalił. Dodaj krewetki i smaż mieszając przez około 2 minuty, aż zmienią kolor na różowy. Przełożyć na talerz i wyrzucić imbir.
f) Postaw wok na ogniu i dodaj pozostałą 1 łyżkę oleju roślinnego. Gdy olej będzie gorący, wmieszaj masę jajeczną do woka. Zamieszaj i potrząśnij jajkami, aby je ugotować. Dodaj szczypiorek na patelnię i kontynuuj smażenie, aż jajka będą ugotowane, ale nie suche.
g) Włóż krewetki z powrotem na patelnię i wymieszaj. Przełożyć na talerz do serwowania.

59. Pikantny krem jajeczny na parze

SKŁADNIKI:

- 4 duże jajka w temperaturze pokojowej
- 1¾ szklanki bulionu z kurczaka o niskiej zawartości sodu lub filtrowanej wody
- 2 łyżeczki wina ryżowego Shaoxing
- ½ łyżeczki soli koszernej
- 2 szalotki, tylko zielona część, pokrojone w cienkie plasterki
- 4 łyżeczki oleju sezamowego

INSTRUKCJE:

a) W dużej misce roztrzep jajka. Dodać bulion i wino ryżowe i wymieszać do połączenia. Przecedzić mieszaninę jaj przez sito o drobnych oczkach ustawione nad miarką do cieczy, aby usunąć pęcherzyki powietrza. Wlać mieszaninę jajek do 4 (6 uncji) kokilek. Za pomocą noża do obierania usuń bąbelki na powierzchni mieszanki jajecznej. Przykryj ramekiny folią aluminiową.

b) Opłucz bambusowy koszyk do gotowania na parze wraz z pokrywką pod zimną wodą i umieść go w woku. Wlej 2 cale wody lub tak, aby sięgała ponad dolną krawędź naczynia do gotowania na parze o ¼ do ½ cala, ale nie tak bardzo, aby dotykała dna kosza. Umieść kokilki w koszyku do gotowania na parze. Przykryj pokrywką.

c) Doprowadzić wodę do wrzenia, następnie zmniejszyć ogień do małego wrzenia. Gotuj na małym ogniu przez około 10 minut lub do momentu, aż jajka się zetną.

d) Ostrożnie wyjmij kokilki z naczynia do gotowania na parze i udekoruj każdy krem kilkoma cebulami i kilkoma kroplami oleju sezamowego. Natychmiast podawaj.

60. Chińskie smażone skrzydełka z kurczaka na wynos

SKŁADNIKI:

- 10 całych skrzydełek kurczaka, umytych i osuszonych
- 1/8 łyżeczki czarnego pieprzu
- 1/4 łyżeczki białego pieprzu
- ¼ łyżeczki czosnku w proszku
- 1 łyżeczka soli
- ½ łyżeczki cukru
- 1 łyżka sosu sojowego
- 1 łyżka wina Shaoxing
- 1 łyżeczka oleju sezamowego
- 1 jajko
- 1 łyżka skrobi kukurydzianej
- 2 łyżki mąki
- olej do smażenia

INSTRUKCJE:

a) Połącz wszystkie składniki (oczywiście oprócz oleju do smażenia) w dużej misce. Mieszaj wszystko, aż skrzydełka będą dobrze pokryte.
b) Aby uzyskać najlepsze rezultaty, skrzydełka należy marynować przez 2 godziny w temperaturze pokojowej lub przez noc w lodówce. (Jeśli przechowujesz skrzydełka w lodówce, pamiętaj, aby przed gotowaniem pozwolić im ponownie osiągnąć temperaturę pokojową).
c) Jeśli po marynowaniu wygląda na to, że w skrzydełkach pozostał płyn, pamiętajmy o ich ponownym dokładnym wymieszaniu. Skrzydełka powinny być dobrze pokryte cienką warstwą przypominającą ciasto. Jeśli nadal wydaje się zbyt wodniste, dodaj trochę więcej skrobi kukurydzianej i mąki.
d) Napełnij średni garnek olejem do około 2/3 wysokości i podgrzej go do temperatury 325 stopni F.
e) Smażymy skrzydełka w małych porcjach przez 5 minut i wyjmujemy na blachę wyłożoną ręcznikami papierowymi. Po usmażeniu wszystkich skrzydełek wrzucaj je partiami na olej i smaż ponownie przez 3 minuty.
f) Odsącz na ręcznikach papierowych lub stojaku do studzenia i podawaj z ostrym sosem!

61. Kurczak z tajską bazylią

SKŁADNIKI:
- 3 do 4 łyżek oleju
- 3 tajskie chilli bird lub holenderskie, pokrojone w cienkie plasterki
- 3 szalotki, pokrojone w cienkie plasterki
- 5 ząbków czosnku, pokrojonych w plasterki
- 1-funtowy mielony kurczak
- 2 łyżeczki cukru lub miodu
- 2 łyżki sosu sojowego
- 1 łyżka sosu rybnego
- ⅓ szklanki bulionu z kurczaka o niskiej zawartości sodu lub wody
- 1 pęczek świętej bazylii lub liści bazylii tajskiej

INSTRUKCJE:
a) Na woku ustawionym na dużym ogniu dodaj oliwę, chili, szalotkę i czosnek i smaż przez 1-2 minuty.
b) Dodać zmielonego kurczaka i smażyć mieszając przez 2 minuty, dzieląc kurczaka na małe kawałki.
c) Dodać cukier, sos sojowy i sos rybny. Smażymy przez kolejną minutę i zdeglasujemy patelnię bulionem. Ponieważ patelnia jest mocno nagrzana, płyn powinien bardzo szybko się ugotować.
d) Dodać bazylię, smażyć mieszając, aż zwiędnie.
e) Podawać z ryżem.

RYBY I OWOCE MORZA

62. Przekąski z łososia i serka śmietankowego

SKŁADNIKI:

- 3 średnie jajka
- ¼ łyżeczki soli lub do smaku
- ½ łyżeczki suszonego koperku
- 0,88 uncji świeżego lub wędzonego łososia, posiekanego
- ½ szklanki śmietanki
- 0,88 uncji startego parmezanu
- 0,88 uncji serka śmietankowego, pokrojonego w kostkę

INSTRUKCJE:

a) Nasmaruj tłuszczem 18 zagłębień formy na mini muffiny.
b) Upewnij się, że piekarnik jest nagrzany do 360° F.
c) Dodaj jajka do miski i dobrze ubij. Dodaj sól i śmietanę i dobrze wymieszaj.
d) Dodać parmezan, serek śmietankowy i koperek, wymieszać.
e) Rozłóż masę jajeczną do 18 dołków formy na mini muffiny.
f) Do każdego dołka wrzuć co najmniej 1–2 kawałki łososia.
g) Włóż formę do mini muffinów do piekarnika i piecz przez około 12–15 minut lub do momentu, aż ciasto się zetnie.
h) Ostudź mini muffinki na blacie.
i) Wyjmij je z foremek i podawaj.

63. Pieczone Filety Rybne

SKŁADNIKI:

- 2 łyżki masła, roztopionego
- Szczypta mielonej papryki
- 3 filety rybne (5 uncji)
- pieprz do smaku
- 1 łyżka soku z cytryny
- ½ łyżeczki soli

INSTRUKCJE:

a) Upewnij się, że piekarnik jest nagrzany do temperatury 350° F.
b) Przygotowujemy blachę do pieczenia, smarując ją odrobiną tłuszczu.
c) Posyp filety solą i pieprzem i włóż je na patelnię.
d) Do miski dodać masło, paprykę i sok z cytryny, wymieszać. Posmaruj tą mieszanką filety.
e) Włóż blachę do pieczenia do piekarnika i piecz filety przez 15-25 minut, aż ryba będzie łatwo łuszczyć się po nakłuciu widelcem.

64. Ciasteczka Łososiowe

SKŁADNIKI:
- 2 puszki łososia (14,75 uncji każda), odsączone
- 8 łyżek kolagenu
- 2 szklanki startego sera mozzarella
- 1 łyżeczka proszku cebulowego
- 4 duże jajka z pastwiska
- 4 łyżeczki suszonego koperku
- 1 łyżeczka różowej soli morskiej lub do smaku
- 4 łyżki smaru z bekonu

INSTRUKCJE:
a) Do miski dodaj łososia, kolagen, mozzarellę, cebulę w proszku, jajka, koperek i sól i dobrze wymieszaj.
b) Z powstałej mieszanki uformuj 8 kotletów.
c) Umieść dużą patelnię na średnim ogniu z tłuszczem z bekonu. Gdy tłuszcz się dobrze rozgrzeje, umieść placki z łososia na patelni i smaż, aż uzyskają złoty kolor ze wszystkich stron.
d) Zdejmij patelnię z ognia i pozostaw kotlety w ugotowanym tłuszczu na 5 minut. Podawać.

65. Grillowany homar

SKŁADNIKI:
- 4 łyżki oliwy z oliwek lub roztopionego masła
- Sól koszerna do smaku
- 4 żywe homary (1 ½ funta każdy)
- Świeżo mielony pieprz do smaku
- Roztopione masło do podania
- Ostry sos
- Kawałki cytryny do podania

INSTRUKCJE:
a) Włóż żywe homary do zamrażarki na 15 minut.
b) Połóż je na desce do krojenia brzuchem w dół. Trzymaj ogon. Homary przekrój wzdłuż na pół. Zacznij od miejsca, w którym ogon łączy się z tułowiem i przejdź do głowy. Odwróć boki i przetnij wzdłuż ogona.
c) Zaraz po przekrojeniu nacieramy roztopionym masłem przekrojoną część. Posyp go solą i pieprzem.
d) Rozłóż grill i rozgrzej go do wysokiej temperatury przez 5-10 minut. Oczyść ruszt grilla i zmniejsz ogień do małego.
e) Połóż homary na grillu i naciśnij pazury na grillu, aż będą ugotowane — grilluj przez 6-8 minut.
f) Obróć boki i smaż, aż będzie ugotowane i lekko zwęglone.
g) Przełożyć na talerz. Posmaruj wierzch roztopionym masłem i podawaj.

66. Rosół z kości rybnych

SKŁADNIKI:

- 2 funty głowy lub tuszy ryby
- Sól dla smaku
- 7 – 8 litrów wody + dodatkowa ilość do blanszowania
- 2-calowy imbir, pokrojony w plasterki
- 2 łyżki soku z cytryny

INSTRUKCJE:

a) Aby zblanszować rybę: Do dużego garnka dodaj wodę i głowy ryb. Postaw garnek na dużym ogniu.
b) Gdy się zagotuje, wyłącz ogień i wylej wodę.
c) Włóż rybę z powrotem do garnka. Wlać 7-8 litrów wody.
d) Postaw garnek na dużym ogniu. Dodaj imbir, sól i sok z cytryny.
e) Gdy mieszanina się zagotuje, zmniejsz ogień i przykryj pokrywką. Gotować przez 4 godziny.
f) Zdjąć z ognia. Gdy ostygnie, przecedzić do dużego słoika z sitkiem.
g) Przechowywać w lodówce przez 5-6 dni. Niewykorzystany bulion można zamrozić.

67. Krewetki w maśle czosnkowym

SKŁADNIKI:
- 1 szklanka niesolonego masła, podzielona
- Sól koszerna do smaku
- ½ szklanki bulionu z kurczaka
- Świeżo mielony pieprz do smaku
- ¼ szklanki posiekanych świeżych liści pietruszki
- Średnie krewetki o masie 3 funtów, obrane i oczyszczone
- 10 ząbków czosnku, obranych, posiekanych
- Sok z 2 cytryn

INSTRUKCJE:
a) Dodaj 4 łyżki masła do dużej patelni i umieść ją na średnim ogniu. Gdy masło się rozpuści, dodaj sól, krewetki i pieprz i gotuj przez 2–3 minuty. Mieszaj mniej więcej co minutę. Krewetki wyjmij łyżką cedzakową i połóż na talerzu.
b) Do garnka dodaj czosnek i smaż, aż zacznie wydzielać przyjemny aromat. Wlać sok z cytryny i bulion, wymieszać.
c) Gdy bulion się zagotuje, zmniejsz ogień i gotuj, aż bulion zredukuje się do połowy początkowej ilości.
d) Dodaj resztę masła, za każdym razem po łyżce i mieszaj, aż się rozpuści.
e) Dodaj krewetki i lekko mieszaj, aż będą dobrze pokryte.
f) Posyp natką pietruszki i podawaj.

68. Krewetki z grilla

SKŁADNIKI:
PRZYPRAWA DO KREWETEK
- 2 łyżeczki czosnku w proszku
- 2 łyżeczki przyprawy włoskiej
- 2 łyżeczki soli koszernej
- ½ - 1 łyżeczka pieprzu cayenne

PIECZENIE NA ROŻNIE
- 4 łyżki oliwy z oliwek z pierwszego tłoczenia
- 2 funty krewetek, obrane i oczyszczone
- 2 łyżki świeżego soku z cytryny
- Olej do natłuszczenia grilla startego

INSTRUKCJE:
a) Jeśli pieczesz w piekarniku, przygotuj blachę do pieczenia, wykładając ją folią i również ją smarując tłuszczem.
b) Do dużej miski dodaj proszek czosnkowy, pieprz cayenne, sól i przyprawę włoską i dobrze wymieszaj.
c) Dodać sok z cytryny i olej, dobrze wymieszać.
d) Wmieszaj krewetki. Upewnij się, że krewetki są dobrze pokryte mieszanką.
e) Nasmaruj ruszty grillowe odrobiną oleju. Krewetki grilluj lub piecz w piekarniku, aż zmienią kolor na różowy. Powinno to zająć 2-3 minuty z każdej strony.

69. Dorsz smażony na patelni z czosnkiem Ghee

SKŁADNIKI:
- 2 filety z dorsza (po 4,8 uncji każdy)
- 3 ząbki czosnku, obrane, posiekane
- Sól dla smaku
- 1 ½ łyżki ghee
- ½ łyżki czosnku w proszku (opcjonalnie)

INSTRUKCJE:
a) Postaw patelnię na średnim ogniu. Dodaj ghee.
b) Gdy ghee się rozpuści, dodaj połowę czosnku i smaż przez około 6–10 sekund.
c) Dodać filety i doprawić czosnkiem w proszku i solą.
d) Wkrótce kolor ryb stanie się całkowicie biały. Barwa ta powinna być widoczna przez około połowę wysokości ryby.
e) Odwróć rybę i smaż, dodając pozostały czosnek.
f) Gdy cały filet zmieni kolor na biały, zdejmij go z patelni i podawaj.

70. Krewetki Sól i Pieprz

SKŁADNIKI:

- 1 łyżka soli koszernej
- 1 ½ łyżeczki ziaren pieprzu syczuańskiego
- 1 ½ funta dużych krewetek (U31–35), obranych i oczyszczonych, z pozostawionymi ogonami
- ½ szklanki oleju roślinnego
- 1 szklanka skrobi kukurydzianej
- 4 szalotki, pokrojone ukośnie
- 1 papryczka jalapeño, przekrojona na pół i pozbawiona nasion, pokrojona w cienkie plasterki
- 6 ząbków czosnku, pokrojonych w cienkie plasterki

INSTRUKCJE:

a) Na małej patelni lub patelni na średnim ogniu praż sól i ziarna pieprzu, aż zaczną nabierać aromatu, często potrząsając i mieszając, aby uniknąć przypalenia. Przełożyć do miski do całkowitego wystygnięcia. Zmiel sól i pieprz w młynku do przypraw lub w moździerzu. Przełożyć do miski i odstawić.

b) Osuszyć krewetki ręcznikiem papierowym.

c) W woku rozgrzej olej na średnim ogniu do temperatury 375°F lub do momentu, aż na końcu drewnianej łyżki zaczną pojawiać się bąbelki i skwierczeć.

d) Włóż skrobię kukurydzianą do dużej miski. Tuż przed smażeniem krewetek wrzuć połowę krewetek, aby pokryła je mąką kukurydzianą i strząśnij nadmiar skrobi kukurydzianej.

e) Smaż krewetki przez 1 do 2 minut, aż zmienią kolor na różowy. Za pomocą skimmera do woka przenieś smażone krewetki na ruszt ustawiony nad blachą do pieczenia, aby je odciekły. Powtórz proces z pozostałymi krewetkami, wrzucając skrobię kukurydzianą, smażąc i przenosząc na ruszt, aby odciekły.

f) Gdy wszystkie krewetki zostaną ugotowane, ostrożnie usuń wszystkie oprócz 2 łyżek oleju i postaw wok na średnim ogniu. Dodaj szalotki, jalapeño i czosnek i smaż mieszając, aż szalotki i jalapeño zmienią kolor na jasnozielony, a czosnek stanie się aromatyczny. Krewetki włóż z powrotem do woka, dopraw do smaku mieszanką soli i pieprzu (możesz nie zużyć całości) i wymieszaj. Przełóż krewetki na talerz i podawaj gorące.

71. Pijana krewetka

SKŁADNIKI:

- 2 szklanki wina ryżowego Shaoxing
- 4 obrane plasterki świeżego imbiru, każdy wielkości około ćwiartki
- 2 łyżki suszonych jagód goji (opcjonalnie)
- 2 łyżeczki cukru
- 1-funtowe krewetki jumbo (U21–25), obrane i oczyszczone, z pozostawionymi ogonami
- 2 łyżki oleju roślinnego
- Sól koszerna
- 2 łyżeczki skrobi kukurydzianej

INSTRUKCJE:

a) W szerokiej misce wymieszaj wino ryżowe, imbir, jagody goji (jeśli używasz) i cukier, aż się rozpuści. Dodaj krewetki i przykryj. Marynować w lodówce przez 20 do 30 minut.

b) Krewetki i marynatę wlać do durszlaka ustawionego nad miską. Zarezerwuj ½ szklanki marynaty, a resztę wylej.

c) Rozgrzej wok na średnim ogniu, aż kropla wody zacznie skwierczeć i odparuje przy kontakcie. Wlej olej i obracaj, aby pokryć dno woka. Dopraw oliwę dodając małą szczyptę soli i delikatnie zamieszaj.

d) Dodaj krewetki i energicznie mieszając smaż, dodając szczyptę soli podczas obracania i wrzucania krewetek do woka. Kontynuuj przesuwanie krewetek przez około 3 minuty, aż zmienią kolor na różowy.

e) Do przygotowanej marynaty wmieszaj skrobię kukurydzianą i polej nią krewetki. Wymieszaj krewetki i polej marynatą. Gdy zacznie się gotować, zgęstnieje i stanie się błyszczącym sosem, jeszcze przez około 5 minut.

f) Przełóż krewetki i jagody goji na talerz, wyrzuć imbir i podawaj na gorąco.

72.Smażone krewetki po szanghajsku

SKŁADNIKI:

- 1-funtowe średnio duże krewetki (U31–40), obrane i oczyszczone, z pozostawionymi ogonami
- 2 łyżki oleju roślinnego
- Sól koszerna
- 2 łyżeczki wina ryżowego Shaoxing
- 2 szalotki, drobno posiekane

INSTRUKCJE:

a) Za pomocą ostrych nożyczek kuchennych lub noża do obierania przekrój krewetki wzdłuż na pół, zachowując nienaruszoną część ogonową. Ponieważ krewetki są smażone, pocięcie ich w ten sposób zapewni większą powierzchnię i stworzy niepowtarzalny kształt i teksturę!

b) Osuszyć krewetki papierowymi ręcznikami i pozostawić do wyschnięcia. Im bardziej suche krewetki, tym danie jest bardziej aromatyczne. Krewetki można przechowywać w lodówce, zawinięte w ręcznik papierowy, do 2 godzin przed gotowaniem.

c) Rozgrzej wok na średnim ogniu, aż kropla wody zacznie skwierczeć i odparuje przy kontakcie. Wlej olej i obracaj, aby pokryć dno woka. Dopraw oliwę dodając małą szczyptę soli i delikatnie zamieszaj.

d) Do gorącego woka wrzucamy wszystkie krewetki na raz. Mieszaj i szybko przewracaj przez 2 do 3 minut, aż krewetki zaczną zmieniać kolor na różowy. Dopraw kolejną małą szczyptą soli i dodaj wino ryżowe. Pozwól winu się zagotować, kontynuując smażenie, przez około 2 minuty. Krewetki powinny się oddzielić i zwinąć, nadal przyczepione ogonem.

e) Przełożyć na półmisek i udekorować szalotkami. Podawać na gorąco.

73.Krewetki Orzechowe

SKŁADNIKI:
- Nieprzywierający spray na bazie oleju roślinnego
- 1-funtowe krewetki jumbo (U21–25), obrane
- 25 do 30 połówek orzecha włoskiego
- 3 szklanki oleju roślinnego do smażenia
- 2 łyżki cukru
- 2 łyżki wody
- ¼ szklanki majonezu
- 3 łyżki słodzonego skondensowanego mleka
- ¼ łyżeczki octu ryżowego
- Sól koszerna
- ⅓ szklanki skrobi kukurydzianej

INSTRUKCJE:

a) Blachę do pieczenia wyłóż papierem pergaminowym i lekko spryskaj sprayem kuchennym. Odłożyć na bok.

b) Przełóż krewetki, trzymając je na desce do krojenia zakrzywioną stroną do dołu. Zaczynając od głowy, włóż czubek noża do obierania na trzy czwarte wysokości w krewetkę. Zrób plasterek od środka grzbietu krewetki do ogona. Nie przecinaj krewetek do końca i nie przecinaj okolicy ogona. Otwórz krewetkę jak książkę i rozłóż ją na płasko. Wytrzyj żyłę (przewód pokarmowy krewetki), jeśli jest widoczna i opłucz krewetki pod zimną wodą, a następnie osusz ręcznikiem papierowym. Odłożyć na bok.

c) W woku rozgrzej olej na średnim ogniu do temperatury 375°F lub do momentu, aż na końcu drewnianej łyżki zaczną pojawiać się bąbelki i skwierczeć. Smażyć orzechy włoskie na złoty kolor, od 3 do 4 minut, i za pomocą skimmera do woka przenieść orzechy włoskie na talerz wyłożony ręcznikiem papierowym. Odłóż na bok i wyłącz ogrzewanie.

d) W małym rondlu wymieszaj cukier z wodą i zagotuj na średnim ogniu, mieszając od czasu do czasu, aż cukier się rozpuści. Zmniejsz ogień do średniego i gotuj na wolnym ogniu, aż syrop zredukuje się przez 5 minut lub do momentu, aż syrop będzie gęsty i błyszczący. Dodać orzechy włoskie i wymieszać tak, aby całkowicie pokryły się syropem. Orzechy przełożyć na przygotowaną blachę do pieczenia i odstawić do ostygnięcia. Cukier powinien stwardnieć wokół orzechów i utworzyć kandyzowaną skorupkę.

e) W małej misce wymieszaj majonez, mleko skondensowane, ocet ryżowy i szczyptę soli. Odłożyć na bok.

f) Doprowadź olej do woka z powrotem do temperatury 375°F na średnim ogniu. Gdy olej się rozgrzeje, lekko dopraw krewetki szczyptą soli. W misce wymieszaj krewetki ze skrobią kukurydzianą, aż będą dobrze pokryte. Pracując w małych partiach, strząśnij nadmiar skrobi kukurydzianej z krewetek i usmaż na oleju, szybko poruszając nimi w oleju, aby się nie sklejały. Smaż krewetki przez 2 do 3 minut, aż uzyskają złoty kolor.

g) Przełożyć do czystej miski i polać sosem. Delikatnie złóż, aż krewetki zostaną równomiernie pokryte. Ułóż krewetki na talerzu i udekoruj kandyzowanymi orzechami włoskimi. Podawać na gorąco.

74. Aksamitne przegrzebki

SKŁADNIKI:
- 1 duże białko jajka
- 2 łyżki skrobi kukurydzianej
- 2 łyżki wina ryżowego Shaoxing, podzielone
- 1 łyżeczka soli koszernej, podzielona
- 1-funtowe świeże przegrzebki morskie, opłukane, usunięte mięśnie i osuszone
- 3 łyżki oleju roślinnego, podzielone
- 1 łyżka jasnego sosu sojowego
- ¼ szklanki świeżo wyciśniętego soku pomarańczowego
- Tarta skórka z 1 pomarańczy
- Płatki czerwonej papryki (opcjonalnie)
- 2 szalotki, tylko zielona część, pokrojone w cienkie plasterki, do dekoracji

INSTRUKCJE:

a) W dużej misce połącz białko jaja, skrobię kukurydzianą, 1 łyżkę wina ryżowego i ½ łyżeczki soli i mieszaj małą trzepaczką, aż skrobia kukurydziana całkowicie się rozpuści i nie będzie już grudkowata. Wrzucić przegrzebki i wstawić do lodówki na 30 minut.

b) Wyjmij przegrzebki z lodówki. Zagotuj wodę w średniej wielkości garnku. Dodaj 1 łyżkę oleju roślinnego i zmniejsz ogień. Dodaj przegrzebki do gotującej się wody i gotuj przez 15 do 20 sekund, ciągle mieszając, aż przegrzebki staną się nieprzezroczyste (przegrzebki nie będą całkowicie ugotowane). Za pomocą skimmera do woka przenieś przegrzebki na wyłożoną ręcznikiem papierowym blachę do pieczenia i osusz papierowymi ręcznikami.

c) W szklanej miarce wymieszaj pozostałą 1 łyżkę wina ryżowego, jasną soję, sok pomarańczowy, skórkę pomarańczową i szczyptę płatków czerwonej papryki (jeśli używasz) i odłóż na bok.

d) Rozgrzej wok na średnim ogniu, aż kropla wody zacznie skwierczeć i odparuje przy kontakcie. Wlej pozostałe 2 łyżki oleju i obracaj, aby pokryć dno woka. Dopraw oliwę dodając pozostałą ½ łyżeczki soli.

e) Dodaj aksamitne przegrzebki do woka i zamieszaj sos. Smaż przegrzebki, aż będą ugotowane, około 1 minuty. Przełożyć na półmisek i udekorować szalotkami.

75.Smażone owoce morza i warzywa z makaronem

SKŁADNIKI:
- 1 szklanka oleju roślinnego, podzielona
- 3 obrane plasterki świeżego imbiru
- Sól koszerna
- 1 czerwona papryka, pokrojona na 1-calowe kawałki
- 1 mała biała cebula, pokrojona w cienkie, długie pionowe paski
- 1 duża garść groszku śnieżnego, usunąć nitki
- 2 duże ząbki czosnku, drobno posiekane
- ½ funta krewetek lub ryb pokrojonych na 1-calowe kawałki
- 1 łyżka sosu z czarnej fasoli
- ½ funta suszonego makaronu ryżowego z wermiszelem lub makaronu fasolowego

INSTRUKCJE:

a) Rozgrzej wok na średnim ogniu, aż kropla wody zacznie skwierczeć i odparuje przy kontakcie. Wlej 2 łyżki oleju i obracaj, aby pokryć dno woka. Dopraw oliwę, dodając plasterki imbiru i małą szczyptę soli. Pozwól imbirowi skwierczeć w oleju przez około 30 sekund, delikatnie mieszając.

b) Dodaj paprykę i cebulę i szybko podsmaż, mieszając i obracając je w woku za pomocą szpatułki do woka.

c) Dopraw lekko solą i kontynuuj smażenie przez 4 do 6 minut, aż cebula będzie miękka i przezroczysta. Dodaj groszek śnieżny i czosnek, podrzucając i obracając, aż czosnek zacznie pachnieć, przez około kolejną minutę. Przełóż warzywa na talerz.

d) Rozgrzej kolejną 1 łyżkę oleju i dodaj krewetki lub rybę. Delikatnie wymieszaj i dopraw niewielką szczyptą soli. Smażyć przez 3 do 4 minut lub do momentu, aż krewetki zmienią kolor na różowy lub ryba zacznie się łuszczyć. Wróć warzywa i mieszaj wszystko jeszcze przez 1 minutę. Wyrzuć imbir i przełóż krewetki na talerz. Namiot z folią, aby się ogrzać.

e) Wytrzyj wok i wróć do średnio-wysokiego ognia. Wlej pozostały olej (około ¾ szklanki) i podgrzej do 100°C lub do momentu, aż na końcu drewnianej łyżki zaczną pojawiać się bąbelki i skwierczeć. Gdy olej osiągnie odpowiednią temperaturę, dodaj suszony makaron. Natychmiast zaczną się zaciągać i unosić nad olejem. Za pomocą szczypiec odwróć chmurę makaronu, jeśli chcesz usmażyć górę, a następnie ostrożnie wyjmij z oleju i przenieś na talerz wyłożony ręcznikiem papierowym, aby odsączyć i ostudzić.

f) Delikatnie pokrój makaron na mniejsze kawałki i posyp nim smażone warzywa i krewetki. Natychmiast podawaj.

76. Cała ryba na parze z imbirem i szalotkami

SKŁADNIKI:
DLA RYB
- 1 cała biała ryba, około 2 funtów, z głową i oczyszczona
- ½ szklanki soli koszernej do czyszczenia
- 3 szalotki, pokrojone na 3-calowe kawałki
- 4 obrane plasterki świeżego imbiru, każdy wielkości około ćwiartki
- 2 łyżki wina ryżowego Shaoxing

NA SOS
- 2 łyżki jasnego sosu sojowego
- 1 łyżka oleju sezamowego
- 2 łyżeczki cukru

DLA SKIERĄCEGO OLEJKU IMBIROWEGO
- 3 łyżki oleju roślinnego
- 2 łyżki obranego świeżego imbiru pokrojonego w cienkie paski
- 2 szalotki, pokrojone w cienkie plasterki
- Czerwona cebula, cienko pokrojona (opcjonalnie)
- Kolendra (opcjonalnie)

INSTRUKCJE:

a) Natrzyj rybę wewnątrz i na zewnątrz solą koszerną. Rybę opłukać i osuszyć papierowymi ręcznikami.

b) Na talerzu wystarczająco dużym, aby zmieścić się w bambusowym koszu do gotowania na parze, przygotuj łóżko, używając połówki cebuli i imbiru. Połóż rybę na wierzchu i włóż do środka pozostałe szalotki i imbir. Rybę polej winem ryżowym.

c) Opłucz bambusowy koszyk do gotowania na parze wraz z pokrywką pod zimną wodą i umieść go w woku. Wlej około 2 cali zimnej wody lub tak, aby sięgała ponad dolną krawędź naczynia do gotowania na parze o około ¼ do ½ cala, ale nie tak wysoko, aby woda dotykała dna kosza. Doprowadź wodę do wrzenia.

d) Umieścić talerz w koszyku do gotowania na parze i przykryć. Gotuj rybę na średnim ogniu przez 15 minut (dodaj 2 minuty na każde pół funta więcej). Przed wyjęciem z woka nakłuj rybę widelcem w pobliżu głowy. Jeśli mięso się łuszczy, jest gotowe. Jeśli mięso nadal się skleja, gotuj na parze jeszcze przez 2 minuty.

e) Podczas gdy ryba się gotuje na parze, na małej patelni rozgrzej na małym ogniu jasną soję, olej sezamowy i cukier i odłóż na bok.

f) Gdy ryba będzie już ugotowana, przełóż ją na czysty talerz. Wylej płyn z gotowania i aromaty z płyty do gotowania na parze. Wlać ciepłą mieszaninę sosu sojowego na rybę. Namiot przykryj folią, aby utrzymać ciepło podczas przygotowywania oleju.

77. Smażona ryba z imbirem i bok choy

SKŁADNIKI:

- 1 duże białko jajka
- 1 łyżka wina ryżowego Shaoxing
- 2 łyżeczki skrobi kukurydzianej
- 1 łyżeczka oleju sezamowego
- ½ łyżeczki jasnego sosu sojowego
- 1-funtowe filety rybne bez kości, pokrojone na 2-calowe kawałki
- 4 łyżki oleju roślinnego, podzielone
- Sól koszerna
- 4 obrane plasterki świeżego imbiru, wielkości około ćwiartki
- 3 główki baby bok choy, pokrojone na kawałki wielkości kęsa
- 1 ząbek czosnku, posiekany

INSTRUKCJE:

a) W średniej misce wymieszaj białko jaja, wino ryżowe, skrobię kukurydzianą, olej sezamowy i lekką soję. Do marynaty dodać rybę i wymieszać, żeby się nią pokryła. Marynuj przez 10 minut.

b) Rozgrzej wok na średnim ogniu, aż kropla wody zacznie skwierczeć i odparuje przy kontakcie. Wlej 2 łyżki oleju roślinnego i zamieszaj, aby pokryć dno woka. Dopraw oliwę dodając małą szczyptę soli i delikatnie zamieszaj.

c) Łyżką cedzakową wyjmij rybę z marynaty i smaż na woku po około 2 minuty z każdej strony, aż lekko się zarumieni. Przełóż rybę na talerz i odłóż na bok.

d) Do woka dodaj pozostałe 2 łyżki oleju roślinnego. Dodaj kolejną szczyptę soli i imbiru, dopraw olej, delikatnie mieszając przez 30 sekund. Dodaj bok choy i czosnek i smaż, mieszając, przez 3 do 4 minut, ciągle mieszając, aż bok choy będzie miękki.

e) Włóż rybę z powrotem do woka i delikatnie wymieszaj z bok choy, aż się połączą. Lekko dopraw kolejną szczyptą soli. Przełożyć na talerz, wyrzucić imbir i natychmiast podawać.

78. Małże w sosie z czarnej fasoli

SKŁADNIKI:

- 3 łyżki oleju roślinnego
- 2 obrane plasterki świeżego imbiru, każdy wielkości około ćwiartki
- Sól koszerna
- 2 szalotki, pokrojone na kawałki o długości 2 cali
- 4 duże ząbki czosnku, pokrojone w cienkie plasterki
- 2 funty żywych małży PEI, wyszorowanych i pozbawionych brody
- 2 łyżki wina ryżowego Shaoxing
- 2 łyżki sosu z czarnej fasoli lub kupionego w sklepie sosu z czarnej fasoli
- 2 łyżeczki oleju sezamowego
- ½ pęczka świeżej kolendry, grubo posiekanej

INSTRUKCJE:

a) Rozgrzej wok na średnim ogniu, aż kropla wody zacznie skwierczeć i odparuje przy kontakcie. Wlej olej roślinny i obracaj, aby pokryć dno woka. Dopraw oliwę, dodając plasterki imbiru i małą szczyptę soli. Pozwól imbirowi skwierczeć w oleju przez około 30 sekund, delikatnie mieszając.

b) Wrzuć szalotki i czosnek i smaż mieszając przez 10 sekund lub do momentu, aż szalotki zwiędną.

c) Dodaj małże i wymieszaj, aby pokryły się olejem. Wlać wino ryżowe po bokach woka i krótko wymieszać. Przykryj i gotuj na parze przez 6 do 8 minut, aż małże się otworzą.

d) Odkryj i dodaj sos z czarnej fasoli, mieszając, aby pokryć małże. Przykryj i pozostaw na parze przez kolejne 2 minuty. Odkryj i przebij, usuwając małże, które się nie otworzyły.

e) Skrop małże olejem sezamowym. Mieszaj krótko, aż olej sezamowy zacznie pachnieć. Wyrzuć imbir, przełóż małże na talerz i udekoruj kolendrą.

79. Krab z kokosowym curry

SKŁADNIKI:

- 2 łyżki oleju roślinnego
- 2 obrane plasterki świeżego imbiru, wielkości około ćwiartki
- Sól koszerna
- 1 szalotka, pokrojona w cienkie plasterki
- 1 łyżka curry w proszku
- 1 (13,5 uncji) puszka mleka kokosowego
- ¼ łyżeczki cukru
- 1 łyżka wina ryżowego Shaoxing
- 1-funtowe mięso krabów w puszce, odsączone i przebrane w celu usunięcia kawałków skorupy
- Świeżo zmielony czarny pieprz
- ¼ szklanki posiekanej świeżej kolendry lub natki pietruszki do dekoracji
- Ugotowany ryż, do podania

INSTRUKCJE:

a) Rozgrzej wok na średnim ogniu, aż kropla wody zacznie skwierczeć i odparuje przy kontakcie. Wlej olej i obracaj, aby pokryć dno woka. Dopraw oliwę dodając plasterki imbiru i szczyptę soli. Pozwól imbirowi skwierczeć w oleju przez około 30 sekund, delikatnie mieszając.

b) Dodaj szalotkę i smaż mieszając przez około 10 sekund. Dodaj curry i mieszaj, aż zacznie wydzielać zapach przez kolejne 10 sekund.

c) Dodaj mleko kokosowe, cukier i wino ryżowe, przykryj wok i gotuj przez 5 minut.

d) Dodaj kraba, przykryj pokrywką i gotuj, aż się rozgrzeje, około 5 minut. Zdejmij pokrywkę, dopraw solą i pieprzem i wyrzuć imbir. Nałóż na wierzch miski ryżu i udekoruj posiekaną kolendrą.

80. Smażona w głębokim tłuszczu kałamarnica z czarnego pieprzu

SKŁADNIKI:

- 3 szklanki oleju roślinnego
- 1-funtowe rurki i macki kalmarów, oczyszczone i pocięte na ⅓-calowe pierścienie
- ½ szklanki mąki ryżowej
- Sól koszerna
- ¼ łyżeczki świeżo zmielonego czarnego pieprzu
- ¾ szklanki wody gazowanej, zimnej jak lód
- 2 łyżki grubo posiekanej świeżej kolendry

INSTRUKCJE:

a) Wlej olej do woka; olej powinien mieć głębokość około 1 do 1½ cala. Doprowadzić olej do 375°F na średnim ogniu. Oliwę można rozpoznać po zanurzeniu w niej pęcherzyków powietrza i skwierczeniu na końcu drewnianej łyżki. Osuszyć kalmary papierowymi ręcznikami.

b) W międzyczasie w płytkiej misce wymieszaj mąkę ryżową ze szczyptą soli i pieprzu. Dolać tyle wody gazowanej, aby powstało rzadkie ciasto. Złóż kalmary i, pracując partiami, wyjmij kalmary z ciasta za pomocą odpieniacza do woka lub łyżki cedzakowej, strząsając nadmiar. Ostrożnie włóż do gorącego oleju.

c) Gotuj kalmary przez około 3 minuty, aż będą złociste i chrupiące. Za pomocą skimmera do woka wyjmij kalmary z oleju i przenieś je na talerz wyłożony ręcznikiem papierowym i lekko dopraw solą. Powtórz z pozostałą kałamarnicą.

d) Przełóż kalmary na talerz i udekoruj kolendrą. Podawać na gorąco.

81. Smażone ostrygi z konfetti chili i czosnkiem

SKŁADNIKI:

- 1 (16-uncjowy) pojemnik małych ostryg z łupinami
- ½ szklanki mąki ryżowej
- ½ szklanki mąki uniwersalnej, podzielone
- ½ łyżeczki proszku do pieczenia
- Sól koszerna
- Mielony biały pieprz
- ¼ łyżeczki proszku cebulowego
- ¾ szklanki wody gazowanej, schłodzonej
- 1 łyżeczka oleju sezamowego
- 3 szklanki oleju roślinnego
- 3 duże ząbki czosnku, pokrojone w cienkie plasterki
- 1 małe czerwone chili, pokrojone w drobną kostkę
- 1 małe zielone chili, pokrojone w drobną kostkę
- 1 szalotka, pokrojona w cienkie plasterki

INSTRUKCJE:

a) W misce wymieszaj mąkę ryżową, ¼ szklanki mąki uniwersalnej, proszek do pieczenia, szczyptę soli i białego pieprzu oraz cebulę w proszku. Dodaj wodę gazowaną i olej sezamowy, wymieszaj na gładką masę i odłóż na bok.

b) W woku rozgrzej olej roślinny na średnim ogniu do temperatury 375°F lub do momentu, aż na końcu drewnianej łyżki zaczną pojawiać się bąbelki i skwierczeć.

c) Osuszyć ostrygi ręcznikiem papierowym i obtoczyć w pozostałej ¼ szklanki mąki uniwersalnej. Zanurzaj pojedynczo ostrygi w cieście z mąki ryżowej i ostrożnie wrzucaj na gorący olej.

d) Smaż ostrygi przez 3 do 4 minut lub do złotego koloru. Przełożyć na drucianą kratkę umieszczoną nad blachą do pieczenia, aby odciekła. Posyp lekko solą.

e) Przywróć temperaturę oleju do 100°C i krótko smaż czosnek i chili, aż będą chrupiące, ale nadal będą miały jasny kolor, około 45 sekund. Za pomocą skimmera drucianego wyjmij olej z oleju i połóż na talerzu wyłożonym ręcznikiem papierowym.

f) Ułóż ostrygi na talerzu i posyp czosnkiem i chilli. Udekoruj pokrojonymi w plasterki cebulką i natychmiast podawaj.

82.Krewetki kokosowe do smażenia na powietrzu

SKŁADNIKI:

- 1/2 szklanki mąki uniwersalnej
- 1 1/2 łyżeczki mielonego czarnego pieprzu
- 2 duże jajka
- 2/3 szklanki niesłodzonych płatków kokosowych
- 1/3 szklanki bułki tartej Panko
- 12 uncji niegotowanych średnich krewetek,
- 1 porcja sprayu do gotowania
- 1/2 łyżeczki soli koszernej, podzielone
- 1/4 szklanki miodu
- 1/4 szklanki soku z limonki
- 1 chili Serrano, pokrojone w cienkie plasterki
- 2 łyżeczki posiekanej świeżej kolendry

INSTRUKCJE:

a) Lekko ubij jajka w innym płytkim naczyniu. Wymieszaj kokos i panko w trzecim płytkim naczyniu.

b) Trzymaj każdą krewetkę za ogon, zanurz w mieszance mąki i usuń nadmiar. Następnie zanurz krewetki w jajku i poczekaj, aż nadmiar ocieknie.

c) Na koniec zanurz w mieszance kokosowej, dociskając, aby przylegała. Ułożone na talerzu. Dobrze posmaruj krewetki sprayem do gotowania.

d) W międzyczasie w misce normalnej wielkości wymieszaj miód, sok z limonki i chili Serrano na dip. Posyp smażone krewetki kolendrą i podawaj z dipem.

83.Krewetki z pieprzem cytrynowym i frytkownicą

SKŁADNIKI:

- 1 łyżka oliwy z oliwek
- 1 cytryna, wyciśnięta sok
- 1 łyżeczka pieprzu cytrynowego
- 1/4 łyżeczki papryki
- 1/4 łyżeczki czosnku w proszku
- 12 uncji niegotowanych średnich krewetek,
- 1 cytryna, pokrojona w plasterki

INSTRUKCJE:

a) Rozgrzej frytownicę powietrzną do 400 stopni F (200 stopni C).
b) W misce wymieszaj olej kokosowy, sok z cytryny, pieprz cytrynowy, paprykę i proszek czosnkowy. Dodaj krewetki i mieszaj, aż się pokryją.
c) Umieść krewetki we frytkownicy i gotuj, aż będą różowe i jędrne, od 6 do 8 minut. Podawać z plasterkami cytryny.

84.Krewetki Zawijane w Bekon

SKŁADNIKI:

- 1 litr oleju roślinnego do smażenia
- 32 sztuki, obrane i oczyszczone
- 1 puszka marynowanych papryczek jalapeño
- 16 plasterków boczku przekrojonych na pół
- Po 32 wykałaczki

INSTRUKCJE:

a) Rozgrzej olej we frytkownicy lub dużym rondlu do temperatury 350 stopni F (175 stopni C)
b) Krewetki przecinamy wzdłuż pnia, prawie do przodu. Każdą krewetkę nafaszeruj plasterkiem papryczki jalapeño, a następnie owiń połową plasterka boczku. Zabezpieczyć wykałaczką. Powtórz tę czynność ze wszystkimi pozostałymi składnikami.
c) Gotuj krewetki partiami na gorącym oleju, zanim bekon stanie się chrupiący i złocistobrązowy, 2-3 minuty. Przed podaniem odsączyć na talerzu wyłożonym ręcznikiem papierowym.

85.Niesamowite muszle krabów

SKŁADNIKI:

- 36 sztuk (pustych) muszelek makaronowych jumbo
- 2 opakowania sera neufchatel
- 1-funtowa imitacja mięsa kraba
- 6 uncji gotowanych małych krewetek
- 1 cebula, posiekana
- 2 łodygi selera, posiekane
- 1/3 szklanki majonezu
- 2 łyżki cukru białego
- 1 1/2 łyżeczki soli
- 1/2 łyżeczki mielonego czarnego pieprzu
- 1 łyżeczka soku z cytryny

INSTRUKCJE:

a) Zagotuj duży garnek osolonej wody i dodaj muszle makaronu; gotować al dente. Dobrze odcedź.
b) W dużej misce wymieszaj serek śmietankowy, kraby, krewetki, cebulę, seler, majonez, cukier, sól, pieprz i sok z cytryny; Dobrze wymieszać.
c) Nadziewaj mieszaniną serka śmietankowego w duże skorupy makaronu. Przed podaniem schłodzić co najmniej 2 godziny.

86.Krewetki Nadziewane Grzyby

SKŁADNIKI:

- 20 dużych białych grzybów, miękkich
- 1 (4 uncje) puszka małych krewetek, opłucz d
- 1/2 szklanki serka śmietankowego o smaku szczypiorku i cebuli
- 1/2 łyżeczki sosu Worcestershire
- 1 szczypta czosnku w proszku lub do smaku
- 1 kropla ostrego sosu w stylu Luizjany
- 3/4 szklanki startego sera Romano

INSTRUKCJE:

a) Lekko natłuść naczynie do pieczenia o wymiarach 9 x 13 cali.
b) Podczas gdy kapelusze grzybów ochładzają się, połącz w misce krewetki, serek śmietankowy, sos Worcestershire, proszek czosnkowy i ostry sos i wymieszaj, aby dobrze się wymieszały.
c) Nałóż około 2 łyżek mieszanki krewetek na czapkę każdego grzyba i umieść farszem do góry w przygotowanym naczyniu do pieczenia.
d) Każdą pieczarkę posypujemy serem Romano.
e) Rozgrzej piekarnik do 400 stopni F (200 stopni C). Odkryć naczynie i piec grzyby w nagrzanym piekarniku przez około 15 minut.

87. Amerykański Ceviche

SKŁADNIKI:

- 1 opakowanie ugotowanych średnich krewetek
- 2 opakowania imitacji mięsa kraba
- 5 pomidorów pokrojonych w kostkę
- 3 średnie (puste) awokado
- 1 ogórek angielski
- 1 czerwona cebula, pokrojona w kostkę
- 1 pęczek kolendry, posiekanej
- Wyciśnięty sok z 4 limonek
- 2 średnie papryczki jalapeño,
- 2 ząbki czosnku, wyciśnięte
- 1 butelka koktajlu z sokiem pomidorowym i małżami
- 1 szczypta soli i mielonego czarnego pieprzu

INSTRUKCJE:

a) Wymieszaj krewetki, imitację kraba, pomidory, awokado, ogórek, czerwoną cebulę, kolendrę, sok z limonki, papryczki jalapeño i czosnek razem w pojemniku z pokrywką; sałatkę polej koktajlem z soku pomidorowo-małżowego i wymieszaj. Doprawić do smaku solą i czarnym pieprzem.

b) Pozostaw sałatkę marynowaną przez noc w lodówce; ponownie wymieszać przed podaniem.

88.Pierogi Wieprzowe I Krewetki

SKŁADNIKI:
- 1/4 funta mielonej wieprzowiny
- 1 szklanka posiekanej rzeżuchy
- 1/2 (8 uncji) puszki kasztanów wodnych
- 1/4 szklanki posiekanej zielonej cebuli
- 1 łyżka sosu ostrygowego
- 1 1/2 łyżki oleju sezamowego
- 1 łyżeczka mielonego czosnku
- 1 łyżeczka sosu sojowego
- 1 (16-uncjowe) opakowanie skórek do pierogów
- 1 funt obranych i oczyszczonych krewetek

INSTRUKCJE:

a) W dużej misce wymieszaj wieprzowinę, rzeżuchę wodną, kasztany wodne, zieloną cebulę, sos ostrygowy, olej sezamowy, czosnek, sos sojowy, mielony biały pieprz i sól i dobrze wymieszaj.

b) Na skórkę każdej kluski nałóż 1/2 łyżeczki nadzienia. Na nadzieniu ułóż 1 krewetkę.

c) Przygotowanie: Smaż kluski na dużej patelni na średnim ogniu z olejem przez 15 minut, przewracając w połowie czasu LUB Włóż je do garnka z wrzącą wodą na 10 minut; odcedzić i podawać w gorącym bulionie z kurczaka.

89.Przekąska Kabobs Krewetki

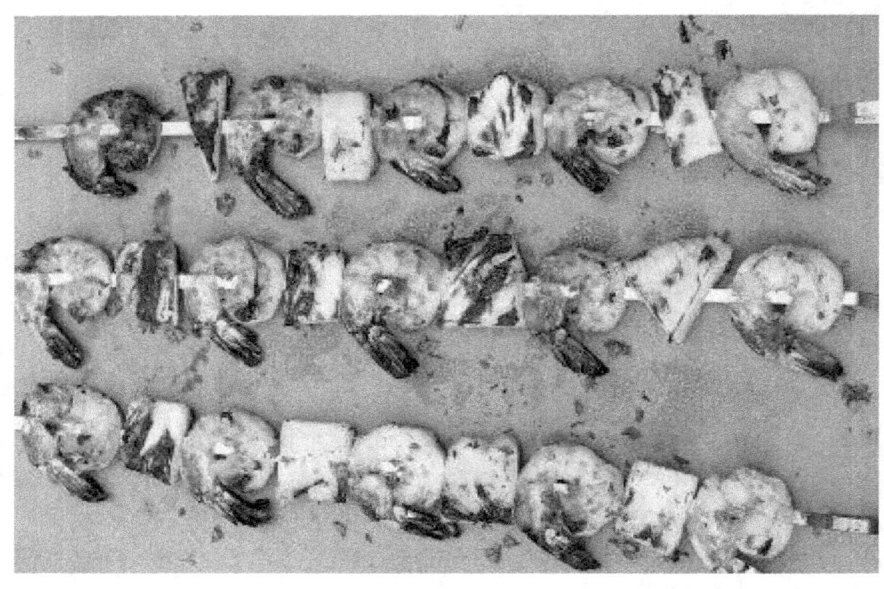

SKŁADNIKI:

- 3 łyżki oliwy z oliwek
- 3 ząbki czosnku, zmiażdżone
- 1/2 szklanki suchej bułki tartej
- 1/2 łyżeczki przyprawy do owoców morza
- 32 niegotowane średnie krewetki
- Sos koktajlowy z owocami morza

INSTRUKCJE:

a) W płytkiej misce połącz oliwę i czosnek; niech z pewnością są symbolem 30 minut . W drugiej misce wymieszaj bułkę tartą i przyprawę do owoców morza. Zanurz krewetki w mieszance oleju, a następnie obtocz w mieszance okruchów.

b) Nawlecz na metalowe lub namoczone drewniane patyczki. Grilluj kebaby pod przykryciem na średnim ogniu przez 2-3 minuty lub do momentu, aż krewetki zmienią kolor na różowy. Podawać z sosem z owoców morza.

90. Meksykański koktajl z krewetek

SKŁADNIKI:

- 1/3 szklanki posiekanej cebuli hiszpańskiej
- 1/4 szklanki soku z limonki
- 1-funtowe krewetki, schłodzone, ugotowane, średnie krewetki
- 2 średnie pomidory
- 1 ogórek drobno posiekany
- 1 łodyga selera drobno posiekana
- 1 papryczka jalapeno z nasionami
- 2 łyżeczki soli
- 2 łyżeczki czarnego pieprzu
- 1 filiżanka sok z małży
- 1 szklanka ketchupu
- 1 pęczek kolendry
- 2 łyżki ostrego sosu paprykowego
- 2 awokado

INSTRUKCJE:

a) Wymieszaj cebulę z sokiem z limonki w małej misce i poczekaj, aż będzie to symbol 10 minut. W międzyczasie wrzuć do miski krewetki, pomidory roma, ogórek, seler, jalapeño, sól i czarny pieprz, aż składniki się dokładnie połączą.

b) W innej misce wymieszaj koktajl z pomidorów i soku z małży, ketchup, kolendrę i sos z ostrej papryki; wymieszać sos z mieszanką krewetek. Delikatnie włóż awokado. Przykryć i dobrze schłodzić, co najmniej 1 godzinę.

MIĘSO ORGANICZNE

91. Smażony język wołowy

SKŁADNIKI:

- 2 całe ozory wołowe, opłukane
- 2 łyżki smalcu lub masła
- 6 szklanek wody
- Przyprawa do wyboru

INSTRUKCJE:

a) Najlepiej ugotować go w garnku błyskawicznym lub szybkowarze.
b) Dodaj wodę i ozory do garnka błyskawicznego i gotuj w trybie „Ręcznym" przez 35 minut. Pozwól, aby ciśnienie opadło naturalnie.
c) Jeśli nie masz garnka błyskawicznego, wlej wodę do rondla. Dodaj języki i postaw rondelek na średnim ogniu.
d) Kiedy zacznie wrzeć, zmniejsz ogień do małego. Gotuj pod przykryciem do miękkości.
e) Usuń języki i połóż je na desce do krojenia. Gdy ostygnie na tyle, że da się go chwycić, pokroić w plasterki. Posyp go wybraną przyprawą.
f) Postaw patelnię na średnim ogniu. Dodaj masło. Gdy masło się rozpuści, włóż plasterki języka na patelnię i smaż przez 2-3 minuty. Gdy upieczesz z jednego końca, smaż drugi, aż uzyskasz złocistobrązowy kolor. Podawać na gorąco.

92. Marokańskie kebaby z wątróbki

SKŁADNIKI:
- 8 uncji tłuszczu nerkowego, opcjonalnego, ale wskazanego, pokrojonego w kostkę
- 2,2 funta świeżej wątroby cielęcej lub jagnięcej (najlepiej wątróbki cielęcej), usuń przezroczystą błonę, pokrój w kostkę o grubości ¾ cala

MARYNATA
- 2 łyżki mielonej słodkiej papryki
- 2 łyżeczki soli
- 1 łyżeczka mielonego kminku

SŁUŻYĆ
- 2 łyżeczki mielonego kminku
- 2 łyżeczki pieprzu cayenne (opcjonalnie)
- 2 łyżeczki soli

INSTRUKCJE:
a) Wątrobę i tłuszcz umieścić w misce i dobrze wymieszać.
b) Posyp papryką, solą i kminkiem i jeszcze raz wymieszaj, aż dobrze się nią pokryje.
c) Przykryj miskę i wstaw do lodówki na 1 - 8 godzin.
d) Na 30 minut przed grillowaniem wyjmij miskę z lodówki.
e) Rozłóż grill i rozgrzej go do średnio-wysokiej temperatury.
f) Na patyczki do szaszłyków nabijaj kostki wątroby na przemian z kostkami tłuszczu nerkowego, nie zostawiając pomiędzy nimi przerw. Na każdym szpikulcu połóż około 6 - 8 kostek wątroby.
g) Przygotowane szaszłyki układamy na grillu i grillujemy około 8 – 10 minut, często obracając. Wątróbka powinna być dobrze ugotowana w środku i gąbczasta po naciśnięciu.
h) Podawać na gorąco.

93. Quiche dla mięsożerców

SKŁADNIKI:

- 1 funt mielonej wołowiny
- 1-funtowa mielona wątroba wołowa
- 1-funtowe mielone serce wołowe
- Masło, ghee, łój wołowy lub inny wybrany tłuszcz zwierzęcy, do ugotowania według uznania
- Sól dla smaku
- 6 jaj

INSTRUKCJE:

a) Weź 2 talerze do ciasta (9 cali) i lekko posmaruj je odrobiną masła lub ghee.
b) Upewnij się, że piekarnik jest nagrzany do 360° F.
c) Dodaj wołowinę, wątrobę wołową, serca wołowe, sól i jajka do miski i dobrze wymieszaj.
d) Podzielić mieszaninę na 2 talerze.
e) Piec paszteciki mięsne, aż się zetną, około 15 do 20 minut.
f) Po upieczeniu przekrój każdy z nich na 4 równe części i podawaj.

94. Łatwe serce wołowe

SKŁADNIKI:
- 4 uncje mielonego serca wołowego
- 4 uncje mielonej wołowiny
- ½ łyżeczki soli

INSTRUKCJE:
a) Dodaj mielone serce wołowe, mieloną wołowinę i sól do miski i dobrze wymieszaj.
b) Podziel masę na 2 części i uformuj kulki.
c) Trzymaj je w naczyniu do pieczenia wykonanym ze szkła.
d) Upewnij się, że piekarnik jest nagrzany do 360° F.
e) Włóż naczynie do pieczenia do piekarnika i piecz przez około 20 minut, aż mięso będzie dobrze ugotowane.

95.Ciasto Mięsożercy

SKŁADNIKI:
BRAUNSCHWEIGER
- ¼ funta łopatki wieprzowej lub ozora wołowego pokrojonego w kostkę
- 10 uncji wątroby wieprzowej lub wołowej, pokrojonej w kostkę
- 2 jajka na twardo, obrane
- 6 uncji słoniny wieprzowej, pokrojonej w kostkę
- 1 ½ łyżeczki różowej soli morskiej

DO polewy
- 6 plasterków prosciutto lub carpaccio
- 6 plasterków boczku

INSTRUKCJE:
a) Przygotuj to danie na 1–2 dni przed jedzeniem.
b) Dodaj wątróbkę wieprzową, łopatkę i kostki tłuszczu do robota kuchennego i dobrze przetrzyj.
c) Przelać do tortownicy o formie sprężystej. Przykryj patelnię folią, aby woda nie dostała się do patelni. Upewnij się, że jest szczelnie owinięty.
d) Weź brytfannę, większą niż forma sprężynowa i wlej na dno patelni centymetr wrzącej wody.
e) Umieść formę do pieczenia w naczyniu do pieczenia.
f) Włóż brytfannę wraz z formą do pieczenia do piekarnika na około 2 godziny. Przed włożeniem brytfanny do piekarnika upewnij się, że piekarnik został nagrzany do temperatury 300° F.
g) Wyjmij formę do pieczenia z piekarnika. Zrób 2 wgłębienia na patelni, na tyle duże, aby zmieściło się w nich jajko. W każdym wgłębieniu umieść ugotowane jajko. Jajka przykryj łyżką mięsa.
h) Ostudzić i wstawić do lodówki na 1 - 2 dni.
i) Na wierzchu ułóż plasterki prosciutto i boczku. Podawać.

96. Łatwe ukąszenia nerek wołowych

SKŁADNIKI:

- 2 nerki wołowe
- Zimne masło do podania (opcjonalnie)
- Sól do smaku (opcjonalnie)

INSTRUKCJE:
a) Nerki włóż do garnka i zalej wodą.
b) Postaw garnek na średnim ogniu.
c) Gdy zacznie wrzeć, gotuj na średnim ogniu pod częściowym przykryciem.
d) Po 8 minutach odlej wodę.
e) Jeśli wolisz, możesz przepłukać nerkę wodą.
f) Pokroić na kawałki wielkości kęsa. Dopraw solą i podawaj z masłem, jeśli używasz.

97. Burgery z wołowiną i wątróbką drobiową

SKŁADNIKI:

- 2 uncje wątróbki drobiowej
- 10 wołowiny pochodzącej od zwierząt karmionych trawą
- ½ łyżeczki przyprawy do drobiu
- ½ łyżeczki soli
- ¾ łyżeczki mielonej kolendry
- ½ łyżeczki pieprzu

INSTRUKCJE:

a) Dodaj wątróbkę drobiową, wołowinę, przyprawę do drobiu, sól, kolendrę i pieprz do robota kuchennego i dobrze przetrzyj.
b) Z powstałej mieszanki uformuj 2 kotlety
c) Rozgrzej grill na średnio-wysokim ogniu.
d) Grilluj burgery z obu stron, według własnych upodobań.
e) Podawać na gorąco.

98. Serca z Kurczaka

SKŁADNIKI:

- 2-funtowe serca z kurczaka, osuszone ręcznikami papierowymi
- 2 łyżeczki pieprzu cayenne lub do smaku
- 2 łyżeczki pieprzu lub do smaku
- 2 łyżeczki soli lub do smaku
- 2 łyżeczki czosnku w proszku
- 2 łyżeczki cebuli w proszku lub do smaku

INSTRUKCJE:

a) Przygotuj naczynie do pieczenia, wykładając je folią.
b) Umieść serca kurczaka w naczyniu do pieczenia. Posypać przyprawami i dobrze wymieszać.
c) Upewnij się, że piekarnik jest nagrzany do temperatury 350° F.
d) Piecz serca kurczaka przez około 30 minut.
e) Podawać na gorąco.

99. Pieczony szpik kostny

SKŁADNIKI:

- 8 połówek szpiku kostnego
- 1 łyżka posiekanej natki pietruszki, do dekoracji
- Świeżo mielony pieprz do smaku
- Płatki soli morskiej

INSTRUKCJE:

a) Połówki szpiku kostnego ułożyć szpikiem do góry na naczyniu do pieczenia z brzegiem.
b) Upewnij się, że piekarnik jest nagrzany do temperatury 350° F.
c) Piecz dynie przez około 20 - 25 minut, aż dynie będą chrupiące i złocistobrązowe.
d) Posyp solą i pietruszką z wierzchu i podawaj.

100.Pasztet z wątróbek z kurczaka

SKŁADNIKI:

- 4 uncje wątróbek drobiowych, przyciętych, odrzucić ścięgna
- ½ łyżeczki proszku cebulowego
- ½ łyżki posiekanej natki pietruszki
- pieprz do smaku
- ¼ szklanki masła lub tłuszczu z kaczki
- 1 ząbek czosnku, obrany, posiekany
- ¼ łyżeczki soli

INSTRUKCJE:

a) Postaw patelnię z ½ łyżki masła na średnim ogniu. Gdy masło się rozpuści, dodaj czosnek i mieszaj przez 30 - 45 sekund, aż zacznie pachnieć aromatem.
b) Dodaj wątrobę i smaż całość na złoty kolor.
c) Dodaj pietruszkę i dobrze wymieszaj. Po minucie wyłącz ogrzewanie.
d) Studzimy chwilę i przekładamy do miski robota kuchennego. Dodaj także resztę masła i sól i miksuj, aż uzyskasz dobre puree.
e) Przełóż łyżką do 3 ramekinów. Przykryj folią spożywczą i wstaw do lodówki na 4 – 8 godzin. Podać schłodzone.

WNIOSEK

Kończąc naszą podróż po „Księdze kucharskiej dla mięsożerców na świeżym powietrzu", mamy nadzieję, że poczułeś dreszczyk emocji związany z polowaniem i radość gotowania dzikiej zwierzyny na świeżym powietrzu. Każdy przepis na tych stronach jest świadectwem bogactwa i różnorodności smaków, które można odblokować, gdy bogactwa natury łączą się z umiejętnościami kucharza na świeżym powietrzu.

Niezależnie od tego, czy rozkoszowałeś się wędzonymi nutami grillowanej dziczyzny, delektowałeś się obfitym ciepłem gulaszu przy ognisku, czy też zachwycałeś się niuansami wędzonej dziczyzny, ufamy, że te przepisy na dziczyznę nadały nowy wymiar Twojemu repertuarowi gotowania na świeżym powietrzu. Niech poza przepisami doświadczenie gotowania na otwartym ogniu, zapach dymu drzewnego i wspólne chwile przy ognisku staną się dla Ciebie cennymi wspomnieniami z przygód na świeżym powietrzu.

Gdy będziesz kontynuować eksplorację rozległych krajobrazów i dzikich miejsc, niech „Księdze kucharskiej dla mięsożerców na świeżym powietrzu" będzie Twoim zaufanym towarzyszem, inspirującym do eksperymentowania z nowymi technikami, celebrowania dreszczyku emocji towarzyszącego polowaniu i rozkoszowania się radością gotowania na świeżym powietrzu. Za wolność na świeżym powietrzu, smaki dzikiej przyrody i trwałą tradycję biesiadowania na świeżym powietrzu. Miłego gotowania, miłośniku wypoczynku na świeżym powietrzu!

www.ingramcontent.com/pod-product-compliance
Lightning Source LLC
Chambersburg PA
CBHW071320110526
44591CB00010B/961